CARL MELCHIOR
(1871–1933)

JÜDISCHE MINIATUREN
Herausgegeben von Hermann Simon

BAND 303 CARL MELCHIOR

Alle „Jüdische Miniaturen“ sind auch im Abonnement beim Verlag erhältlich.

Die Deutsche Nationalbibliothek verzeichnet diese Publikation in der Deutschen Nationalbibliografie; detaillierte Daten sind im Internet über https://portal.dnb.de/ abrufbar.

Inh. Dr. Nora Pester
Capa-Haus, Jahnallee 61
04177 Leipzig
info@hentrichhentrich.de
http://www.hentrichhentrich.de

Lektorat: Simon Raulf
Gestaltung: Michaela Weber
Druck: Winterwork, Borsdorf

1. Auflage 2023

Printed in Germany
ISBN 978-3-95565-572-3

INA LORENZ

CARL MELCHIOR

HAMBURGER JURIST, INTERNATIONALER BANKIER, POLITIKER

HENTRICH & HENTRICH

CENTRUM JUDAICUM

Gedruckt mit Unterstützung der
Moses Mendelssohn Akademie Halberstadt

Inhalt

Einleitung

„Mit unendlicher Geduld und Selbstbeherrschung, mit unerschütterlicher Rechtschaffenheit, mit großer Zähigkeit in der Vertretung des deutschen Standpunktes, oft in tiefer Resignation, ist Melchior seinen Weg gegangen. Er war kein Mann der ungenauen, schon gar nicht der großen Worte. Melchior besaß die Klarheit der Analyse und die Kraft der Konzentration. Er blieb würdig in der Position des Besiegten und verwandelte die Niederlage in eine Grundlage gegenseitiger Achtung; er gewann Vertrauen."[1]

Dr. Kurt Sieveking
Hamburger Bürgermeister a. D.

Carl Melchior ist in Vergessenheit geraten, auch in seiner Vaterstadt Hamburg. Dort gibt es kein Denkmal, keinen Platz und keine Straße – nichts, was seinen Namen trägt.[2] Auch eine ausführliche Biografie fehlt. Carl Melchior war das, was man ein strategisches Mastermind der Außenfinanzpolitik der Weimarer Republik nennen könnte.[3] Dies sah man ihm nicht sogleich an. „Ein sehr kleiner Mann von exquisiter Sauberkeit, sehr gut und sorgfältig gekleidet, den runden Kopf von graumeliertem Haar bedeckt, mit Augen, die uns

glänzend anblickten und in denen eine ungewöhnliche Trauer stand", so schildert ihn 1920 einer der einflussreichsten Ökonomen des 20. Jahrhunderts, der britische Nationalökonom John Maynard Keynes.[4]
Doch wie kam es, dass Keynes und Melchior sich kannten? Was zeichnete Melchior aus? Wie wuchs er auf? Welchen Einfluss konnte er nehmen? Betätigte er sich auch politisch? – Diesen und weiteren Fragen wird im Folgenden nachgegangen.

Das Elternhaus

Carl Joseph Melchior wird am 13. Oktober 1871 in Hamburg geboren. Er stammt in vierter Generation aus einer jüdischen Gelehrten- und wohlhabenden Kaufmannsfamilie. Seine Eltern sind Moritz Melchior (1839–1905) und Emilie Melchior geb. Rée (1847–1875). Ursprünglich stammen die Familien Melchior und Rée aus Dänemark. Die Familie von Carl Melchior gehört dem liberalen Tempel-Verband an. Carls Vater, Moritz Melchior, wird in Hamburg zum Kaufmann erzogen, geht anschließend nach Manchester, dem Zentrum der englischen Textilindustrie, wo er mehrere Jahre lebt. Als er nach Hamburg zurückkommt, eröffnet er hier ein Geschäft mit Manchester-Produkten und vertreibt vor allem Kattune. 1865 tritt er in die Privatbank J. Goldschmidt Sohn ein, in der sein Vater, Sally Salomon Gerson Melchior (1814 [Kopenhagen]–1865), Geschäftsführer und Partner ist. Moritz Melchior ist politisch interessiert. Er bekämpft vor allem die bismarcksche Zollpolitik, da diese sein Geschäft schädige. Er gibt später sein Unternehmen auf und setzt sich – etwa 40-jährig – zur Ruhe. Daraufhin wird er Rentier und beschäftigt sich mit politischen Fragen. Später wird Moritz Melchior Finanzvorstand der Hamburger Sparkasse[5] und ist von 1883 bis 1889 Mitglied der Hamburger Bürgerschaft sowie von 1883

bis 1903 Mitglied der Steuerdeputation der Hansestadt. Mit diesen Lebensstationen steht er in der hanseatischen Tradition des Vereins „Versammlung Eines Ehrbaren Kaufmanns zu Hamburg".
Carl Melchior wächst in einer Großfamilie mit zahlreichen Tanten und Onkeln mit jeweils eigenen Familien auf.[6] Er hat einen älteren Bruder, „Sally" Georg Melchior, geboren am 17. Juni 1870 in Hamburg, gestorben um 1948. Dieser wird Rechtsanwalt und ist zweimal verheiratet – zum einen mit Elisabeth Emily Susanna Friedburg (1875–1942 [ermordet in Riga-Jungfernhof]), zum anderen mit der Witwe Elsa Warburg (1875–1949). Aus der ersten Ehe Elsa Warburgs stammt Lilly Elkan (1903–1989). Georg Melchior wird sie später adoptieren, sodass Lilly im rechtlichen Sinne eine Nichte von Carl Melchior ist.[7] Carl hat außerdem eine Schwester, Clara Melchior (1874–1947 [Charlottenlund in Dänemark]). Mit ihr wird er, selbst bis zum Herbst 1933 unverheiratet, in Hamburg in ihrem Haus in der Heimhuder Straße 55 zusammenwohnen.
Die Mutter von Carl, Emilie Melchior, stirbt wahrscheinlich 1875. Sie ist die Tochter des Getreidehändlers Martin Rée und Clara Simons (Symons). Die Angehörigen der jüdischen Familie Rée waren in Hamburg und Dänemark als Kaufleute und Landwirte tätig. Clara Simons wächst in großbürgerlichen

Verhältnissen in einer assimilierten jüdischen Familie auf.
Über die häusliche Erziehung von Carl ist nur wenig bekannt.[8] Seit 1882 besucht er das Johanneum, das ehrwürdige altsprachliche Hamburger Gymnasium. Vermutlich erhält Carl als 13-Jähriger die nach jüdischer Tradition übliche Bar Mitzwa im Tempel-Verband. Zu dieser Zeit lebt die Familie im Schulweg 7 in Hamburg-Eimsbüttel. Das Haus existiert heute nicht mehr. 1889 erhält Carl das Reifezeugnis am Johanneum und ist umfassend klassisch gebildet, auch dank seines weltläufigen Elternhauses.

Die juristische Ausbildung und erste Berufsjahre als Amtsrichter

Carl Melchior entscheidet sich – mit dem Abitur in Händen –, Jurist zu werden. Vielleicht will er es seinem um ein Jahr älteren Bruder Georg gleichtun. Die Rolle von Juristen jüdischer Herkunft in der deutschen Gesellschaft ist ein eigenes Thema. Es mag die Bedeutung des Rechts für den Kampf um die bürgerliche Gleichstellung sein und die damit verbundene Rolle des Gesetzes und seiner Auslegung, die den Beruf für Juden attraktiv machen. Im Sommer 1890 beginnt Melchior an der Universität Bonn sein rechtswissenschaftliches Studium; 1891 wechselt er zum Studium der Rechtswissenschaften nach Berlin. 1893 wird er an der Universität Jena zum Dr. iur. promoviert und besteht im selben Jahr in Berlin das erste juristische Staatsexamen. Ebenfalls seit 1893 leistet er in Bayern seinen Militärdienst. Angesichts seiner Schulbildung dürfte er nur einen einjährigen Dienst absolviert haben. 1897 besteht er das zweite (Große) Staatsexamen in Hamburg und erhält damit die Befähigung zum Richteramt nach dem Gerichtsverfassungsrecht.

Melchior entscheidet sich für eine Laufbahn in der Hamburger Justiz. Diese Berufswahl ist überraschend, denn der Staat blieb in Wilhelminischer Zeit fest in der Hand der protestantischen Eliten. Juristisch ausgebildete Juden wählen daher üblicherweise den Weg in die freien Berufe, auch wenn manche wissenschaftlich tätig bleiben. Dass in den Großstädten wie Berlin, Breslau oder Frankfurt am Main und Hamburg fast jeder zweite bis dritte Anwalt jüdischer Herkunft ist, kann daher nicht überraschen. Melchior wählt stattdessen also den Staatsdienst. Er wird noch 1897 zum Gerichtsassessor ernannt. Zwei Jahre später, 1899, wird er zum Richter am Amtsgericht in Hamburg bestellt, wahrscheinlich im Grundbuchamt.[9]

Als Syndikus bei der Privatbank M. M. Warburg

1902 verlässt Melchior die Justiz. Es sieht so aus, als ob er kurzfristig Rechtsanwalt wird, um noch im selben Jahr in die Dienste der Privatbank M. M. Warburg & Co in Hamburg einzutreten. Er tut dies gegen den Rat seines Vaters. Aber dem jetzt 35-jährigen Firmensenior der Bank, Max M. Warburg (1867–1946), war wohl bewusst geworden, dass inzwischen ein Jurist in der Bank geboten sei. Die Bankgeschäfte waren juristisch und steuerlich so kompliziert geworden, dass man firmeneigene juristische Hilfe für erforderlich ansieht. Melchior wird von der Familie Warburg, von Aby M. Warburg (1866–1929), empfohlen.[10] Beide hatten demselben studentischen Zirkel angehört. Aby Warburg hatte offenbar an Carl Melchior Gefallen gefunden, an seiner raschen Auffassungsgabe, an seinem schnellen Verstand und auch an seinem Kunstverständnis.

Was mag den zurückhaltenden Melchior zum Eintritt in die Bank bewogen haben? Als Jude wusste er sehr wohl, dass es schwer sein würde, in Hamburg als Richter eine erfolgreiche Karriere zu machen. Zum Richter am Oberlandesgericht befördert zu werden, schien quasi unmöglich.[11] Das Bankhaus Warburg aber ist 1902 eine der ersten Adressen privater Bankhäuser, zudem ein Bankhaus mit einer sehr alten jüdischen Tradition. Von daher handelte es sich ohne Frage um ein ungemein verlockendes Angebot für den jetzt 31-jährigen Carl Melchior.

Nun, der Habitus des jungen Carl Melchior wird auch dem vier Jahre älteren Max Warburg wohl gefallen haben.[12] Es ist der äußerst gewissenhafte Arbeitsstil eines jungen Juristen. Was ihn aber besonders beeindruckt haben wird, ist vielleicht, dass Carl Melchior die gleichen unschätzbaren Eigenschaften hat wie sein Bruder Paul Warburg in New York: äußerst klarsichtig, gewissenhaft und von unbestreitbarer Integrität. Dies wird in den folgenden Jahren eine gute Grundlage für die erfolgreiche Zusammenarbeit sein. Max Warburg selbst gilt zunehmend als „big linker", also als einer der ganz Großen im personell dicht verflochtenen Netzwerk in Wirtschaft und Politik des Wilhelminischen Kaiserreichs. Von ihrem Charakter her sind Max Warburg und Melchior grundverschieden. Warburg gilt als temperamentvoll und umtriebig. Melchior ist „ohne jeden Formalismus, Härte und jeden Aufstiegswunsch", wie ihn der Staatssekretär Hans Schäffer später kennzeichnet.[13] Warburg und Melchior „siezten" einander, obwohl sie in ihrer intensiven Zusammenarbeit fast wie Brüder wirkten. Was der eine unternimmt, bespricht er mit dem anderen.

Sie halten sich mit einem Firmentagebuch gegenseitig auf dem Laufenden. Melchior ist ohne Frage der gleichsam ruhende Pol in der Privatbank, der den oft ungebremsten Überschwang von Max Warburg auszugleichen versteht. Max Warburg wird 1903 in die Bürgerschaft gewählt und bleibt dort bis 1919. Die Brüder Paul M. Warburg (1868–1932) und Felix M. Warburg (1871–1937) leben dagegen in New York an der Wall Street, wo sie 1902 Teilhaber des Bankhauses Kuhn, Loeb & Co. werden. Die familiäre Verbindung zu einer US-amerikanischen Bank ist für die deutsche und internationale Entwicklung der Hamburger Bank hochbedeutsam. 1905 wird die Warburg-Bank gebeten, dem Reichsanleihen-Konsortium, dem tonangebenden deutschen Finanzausschuss des Kaiserreiches, beizutreten. Besser geht es nicht!
Carl Melchior wird im Bankhaus Warburg alsbald heimisch. 1910 überträgt ihm Max Warburg die Leitung der von ihm gegründeten Hamburg-Marokko-Gesellschaft.[14] In seiner Eigenschaft als ihr Direktor spielt auch der weitere Syndikus der Bank, Dr. iur. Wilhelm Guido Regendanz (1882–1955), eine bedeutende Rolle.[15] Aufgrund der sogenannten Zweiten Marokkokrise im Jahr 1911, die sich infolge der deutsch-französischen Auseinandersetzungen über die französische Vorherrschaft über Marokko entspinnt, handelt es sich um anspruchsvolle Positionen.

1911 wird Melchior für das Bankhaus Warburg Generalbevollmächtigter. Er ist jetzt 40 Jahre alt. Seit 1913 hat er ein eigenes repräsentatives Arbeitszimmer im neu gebauten Bankgebäude in der Hamburger Innenstadt, Ferdinandstraße 75, auch heute noch der Stammsitz der Bank, nahe der Binnenalster gelegen.[16] Max Warburg, der die Warburg-Bank seit der Jahrhundertwende zu einem der führenden Bankhäuser in der internationalen Finanzwelt machte, ist auch politisch und sozial vielfältig tätig. Er engagiert sich zudem als gläubiger Jude in der Deutsch-Israelitischen Gemeinde zu Hamburg und im Deutsch-Israelitischen Synagogenverband. Darüber hinaus unterstützt er zahlreiche jüdische Einrichtungen, insbesondere die Talmud-Tora-Schule und das Waiseninstitut für Knaben der Gemeinde. Er und Melchior sind zudem auf Abruf bereitstehende „Staatsdiener“: Melchior vertritt mit seinem Sachverstand und mit seinem Verhandlungsgeschick sowohl die Interessen der Warburg-Bank als auch das, was allgemein als deutsche Interessen bezeichnet wird. Mit einem bedeutenden, wenngleich anfangs noch meist latenten Antisemitismus haben beide persönlich spürbar zu kämpfen.[17]

Der Erste Weltkrieg und die Kriegswirtschaftsversorgung

Der Erste Weltkrieg ist die erste große Zäsur des beginnenden 20. Jahrhunderts.[18] Insgesamt stehen annähernd 70 Millionen Soldaten unter Waffen. Etwa 17 Millionen Menschen werden durch den Krieg ihr Leben verlieren, darunter etwa zwei Millionen deutsche Soldaten.

Bereits am 31. Juli 1914 erklärt Kaiser Wilhelm II. den Kriegszustand und löst damit den Belagerungszustand aus. In rechtlicher Hinsicht besteht jetzt in Deutschland eine Militärdiktatur.[19] Schon am zweiten Mobilmachungstag ist der jetzt 42-jährige Carl Melchior als Oberleutnant im Heer (bayerische Artillerie) bei seiner Haubitzenbatterie in Metz. Die Stimmung in der Bevölkerung ist in diesen ersten Kriegstagen in Deutschland euphorisch. Man erwartet einen schnellen Sieg über die Entente-Staaten. Es wird ganz anders kommen, auch für Carl Melchior. Bereits am 8. August 1914 erleidet Melchior durch den Hufschlag eines Pferdes eine schwere Verwundung im Feld. Eine Embolie, verbunden mit einer Lungenentzündung, bringt ihn in Lebensgefahr. An einen weiteren Kriegsdienst ist nicht mehr zu denken.[20] Die Genesung wird Monate dauern. Erst Ende 1914 ist Melchior hinreichend gesundet. Er wird jetzt an

die Zentral-Einkaufsgesellschaft abkommandiert. Das wird sich für seine weitere berufliche Tätigkeit als Glücksfall erweisen – auch für Deutschland.
Die wirtschaftlichen Maßnahmen waren bei Kriegsbeginn noch unter der Voraussetzung getroffen worden, dass der Krieg – entsprechend den Erfahrungen aus den Kriegen von 1866 und 1870/71 – in wenigen Monaten beendet sein werde. Das erweist sich rasch als Irrtum. Bei der Zentral-Einkaufsgesellschaft mbH (ZEG), hervorgegangen aus der 1914 gegründeten Reichseinkaufs-Gesellschaft, handelt es sich um eine der sogenannten Kriegsgesellschaften. Sie ging zum Kriegsbeginn auf eine Gründung nicht zuletzt durch Carl Melchior selbst, aber vor allem auf Max Warburg und Albert Ballin zurück, der auch der Organisation vorstand. Die späteren Kriegsgesellschaften sind eine „Erfindung" von Emil und Walther Rathenau. Beide gehören dem Kreis der sogenannten Kaiserjuden an, zu dem auch die Hamburger Albert Ballin und Max Warburg zu zählen sind. Der Krieg versetzt die deutsche Gesellschaft in einen neuen Zustand, auf den sie nicht vorbereitet ist. Infolge der unzureichenden Kriegsvorbereitungen und der starken Importabhängigkeit Deutschlands kommt es nun darauf an, möglichst rasch ein System staatlicher Zwangswirtschaft unter Beteiligung der Privatwirtschaft aufzubauen. Dazu werden in Ergänzung zur neu geschaffenen

Kriegswirtschaftsverwaltung sogenannte Kriegsgesellschaften errichtet.[21] Sie werden zum zentralen Instrumentarium bei der Bewältigung von Versorgungskrisen. Aufgabe der Zentral-Einkaufsgesellschaft ist es, die Lebensmittel- und Rohstoffversorgung des Deutschen Reiches auch durch Importe von Grundnahrungsmitteln sicherzustellen. Neben Carl Melchior arbeiten die Hamburger Kaufleute Alfred Michahelles, Paul Robinow und Carl Vorwerk in der ZEG. Melchior unterhält zudem eine enge Verbindung zum Auswärtigen Amt. Er leitet zunächst die Finanzabteilung der ZEG und richtet innerhalb der ZEG eine eigene Lebensmittelabteilung ein. Sein Bruder Georg Melchior ist in dieser Zeit Syndikus der ZEG. Beide arbeiten im Sinne einer Open-Door-Politik zusammen.[22] Albert Ballin und Walther Rathenau werden so in den ersten Kriegsjahren die maßgeblichen Organisatoren der deutschen Kriegswirtschaft. Der blockadebedingte Rohstoffmangel kann zwar eingedämmt, aber zu keiner Zeit überwunden werden.[23]
Am 1. Februar 1917 beginnt das Deutsche Reich auf Befehl des Kaisers den uneingeschränkten U-Boot-Krieg, in dem Schiffe der Entente ohne Vorwarnung torpediert und versenkt werden.[24] Die USA protestieren erfolglos. Die als Reaktion eingerichtete Blockade der Entente schränkt die Versorgung Deutschlands mit Nahrungsmitteln erheblich ein. Melchior und

Warburg lehnen das deutsche Kampfziel entschieden ab. Wie weit beide zu diesem Zeitpunkt über eine Neuordnung Deutschlands nachdenken und ihre Gedanken auch äußern, ist nach der Quellenlage unsicher. Eine der Folgen des uneingeschränkten deutschen U-Boot-Krieges wird der Kriegseintritt der USA am 6. April 1917 sein. Damit war an die Seite der Entente eine Macht getreten, die einen Sieg der Mittelmächte als immer unwahrscheinlicher erscheinen ließ. Im Hinblick auf das Zerbrechen der Liaison von kaiserlicher Militärpolitik und Schwerindustrie werben Warburg und Melchior für ein wirtschaftsliberales Handlungsprogramm. Es soll sich aus ökonomischen Verflechtungen, internationalen Rechtsgarantien und einer politischen Schiedsgerichtsbarkeit zusammensetzen.[25] Dazu kommt es jedoch nicht. Noch beherrscht die Oberste Heeresleitung (OHL) unter Paul von Hindenburg und Erich Ludendorff die Szene. Im Dezember 1917 wird Rumänien nach dem Ausscheiden des Verbündeten Russland zum Waffenstillstand und im Mai 1918 zum Frieden gezwungen.[26]

Melchior gilt, zusammen mit den Geheimräten Otto Wiedfeldt und Dr. Walther Frisch (1879–1966), bald als einer der hervorragendsten Experten in ausländischen Finanz- und Ernährungsfragen. Auch sein diplomatisches Verhandlungsgeschick wird gerühmt.

In den deutsch-russischen Friedensverhandlungen in Brest-Litowsk 1917/18 wird Melchior als Finanzberater Mitglied der deutschen Delegation. Das Deutsche Reich hofft nun, mit den Truppen, die von der Ostfront an die Westfront verlegt werden können, den Krieg im Westen doch noch zu gewinnen. Im Auswärtigen Amt war man auf die Kenntnisse und das Verhandlungsgeschick von Melchior längst aufmerksam geworden. Man schickt ihn 1918 mit der Delegation des deutschen Botschafters in Moskau, des Grafen Wilhelm von Mirbach-Harff, nach Sowjetrussland und später mit dem deutschen Botschafter in Kiew, Alfons Freiherr Mumm von Schwarzenstein, in die Ukraine. Der Friedensvertrag von Brest-Litowsk vom 3. März 1918 hat die Beteiligung Melchiors zunächst vermutlich beendet. Seine Tätigkeit festigt aber seinen Ruf als Experte für Ernährungsfragen. Melchior wird so Teil der wirtschaftsimperialistischen Kriegsanstrengungen des noch kaiserlichen Deutschlands. Der deutsche Gesandte Mirbach-Harff wird am 6. Juli 1918 in Moskau ermordet.

Teilhaber von M. M. Warburg (1917)

Seit 1902 war Melchior immer stärker in die Tätigkeit der Privatbank M. M. Warburg eingebunden. Mit den Jahren verbindet ihn zum Seniorchef Max Warburg zunehmend eine Freundschaft. Dieser schildert die Bescheidenheit, die überragende Sachkenntnis und die Unbestechlichkeit von Carl Melchior. Es ist diese Konzentration auf die Sache selbst, die viele, die Melchior begegnen, hervorheben.[27] Mit großer Liebenswürdigkeit vertritt Melchior gleichwohl energisch seinen Standpunkt. Das mag Warburg bewogen haben, Melchior 1917 eine Teilhaberschaft an der Privatbank Max M. Warburg & Co anzubieten. Es handelt sich um das erste Angebot einer Teilhaberschaft an jemanden, der nicht der weitverzweigten Familie Warburg angehört, also um einen Bruch mit der Familientradition, und somit um einen sehr erstaunlichen Vorgang. Melchior übernimmt Anteile von Felix Warburg (1871–1937).[28] Paul Warburg ist 1907 amerikanischer Staatsbürger geworden. Es ist anzunehmen, dass die Brüder Felix und Paul ihre Anteile an der Bank nach dem Kriegseintritt der USA 1917 abgeben mussten.[29]

Der jetzt 46-jährige Carl Melchior ist nach 15-jähriger Tätigkeit in der Warburg-Bank nun Mitinhaber geworden und steigt im Ersten Weltkrieg zu einem der maßgebenden Finanzexperten auf. Erste antisemitische Anfeindungen, nicht nur in Hamburg, bleiben nicht aus. Warburg und Melchior – wenn auch Wähler verschiedener Parteien – haben dieselbe politische Grundeinstellung: Sie befürworten beide ein wirtschaftsliberales Politikprogramm.

Abb. 1: Carl Melchior

Die Tätigkeit bei der Warburg-Bank bringt es mit sich, dass Melchior im Laufe seines Lebens in einer Reihe von Aufsichtsräten tätig wird: im Bereich des Bankwesens, der Versicherungen, bei sogenannten

Kolonialgesellschaften und auch in der Fischerei.[30] Die Fülle ist – auch in der Zeit der Weimarer Republik – beeindruckend: etwa als Vorsitzender des Aufsichtsrates der Bergedorf-Geesthachter-Eisenbahn AG (Hamburg), seit 1922 der Beiersdorf AG (Hamburg), der Köln-Hamburger-Versicherungs-AG (Köln), der Hamburgischen Südsee-AG (Hamburg), als stellvertretender Vorsitzender des Aufsichtsrates der „Nordsee" Deutsche Hochseefischerei Bremen-Cuxhaven AG (Hamburg) und der Deutschen Seefischhandels-AG (Cuxhaven), ferner als Mitglied im Aufsichtsrat der Deutschen Orientbank AG (Berlin), der Allianz und Stuttgarter Lebensversicherungs-AG (Stuttgart), der Leykam-Josefsthal-AG für Papier- und Druckindustrie (Wien), der N. V. Phoenix Handel- en Cultuur Mij (Den Haag) und der Treuhandverwaltung für das Deutsch-Niederländische Finanzabkommen (Berlin). Ende der 1920er Jahre ist das Bankhaus Max M. Warburg & Co zur bedeutendsten Privatbank in Deutschland aufgestiegen, neben der Bank Mendelssohn & Co. in Berlin, namentlich unter Rudolf Löb (1877–1966).[31]

Das Ende des Ersten Weltkrieges und die Friedensverhandlungen 1918/19

Ende September 1918 geben die deutschen Militärs den Krieg verloren. Am 29. September 1918 fordert die Oberste Heeresleitung – geführt von Generalquartiermeister Erich Ludendorff und Generalfeldmarschall Paul von Hindenburg – die Reichsregierung ultimativ auf, Waffenstillstandsverhandlungen aufzunehmen. Beide fordern dabei auch ganz bewusst die Entsendung einer zivilen Delegation zu den Verhandlungen mit der Entente. Unstrittig ist, dass diese Entscheidung ein Eingeständnis der militärischen Niederlage und ein Wendepunkt zur Einführung der Republik ist. Zivile, insbesondere sozialdemokratische Politiker sollen damit die Verantwortung für die Beendigung des Krieges übernehmen; dies sät auch den Keim für die sogenannte Dolchstoßlegende.[32] Sie beruht auf der Behauptung, dass das deutsche Heer „im Felde unbesiegt" gewesen sei und die Niederlage allein dadurch zustande gekommen sei, dass das Heer hinterrücks, aus Deutschland, von Zivilisten quasi erdolcht wurde.

Am 5. Oktober 1918 ersucht der neue Reichskanzler Prinz Max von Baden die USA um einen Waffenstillstand. Das kaiserliche Deutsche Reich beginnt mit den USA einen Notenwechsel, der den gesamten

Oktober 1918 andauert. Ziel ist eine Beendigung der militärischen Auseinandersetzungen im Westen. Auch Melchior soll „Friedensfühler“ von den neutralen Niederlanden aus nach Großbritannien und den USA ausstrecken. Dazu rät ihm Max Warburg als einer der Berater des Reichskanzlers Max von Baden. Am 6. November 1918 trifft die vom Vortag datierte vierte amerikanische Note des Präsidenten Woodrow Wilson in Berlin ein. Die alliierten Mächte seien bereit, deutsche Bevollmächtigte zu empfangen, um ihnen die Bedingungen des Waffenstillstandes mitzuteilen. „Friedensverhandlungen“ werde es allerdings nicht geben. Die letzte Note der USA ist eindeutig: Es ist vielmehr ein „Friedensdiktat“ zu erwarten. Die eingeleiteten parlamentarisch-demokratischen Reformen, zu denen sich nicht wenige in der Hoffnung auf mildere Friedensbedingungen entschlossen hatten, können dies nicht verhindern. Am 9. November 1918 rufen der Sozialdemokrat Philipp Scheidemann und der Kommunist Karl Liebknecht unabhängig voneinander die Republik aus.

Auf Empfehlung von Max Warburg, der diese Aufgabe für sich selbst abgelehnt hatte, wird Melchior 1918 an den Verhandlungen über einen Waffenstillstand als wirtschafts- und finanzpolitischer Vertreter beteiligt.[33] Warburg wird am 16. November 1918 telegrafisch gebeten, das Reichsschatzamt als Delegierter bei den Friedensverhandlungen zu vertreten. Am 12. November 1918 wurde in einer Besprechung des Auswärtigen Amtes vereinbart: „Es ist in Aussicht genommen, wenn die Verhältnisse es gestatten, Vertreter der Wirtschaft als Berater der Unterhändler heranzuziehen." Dabei denkt man an Max Warburg.[34] Melchior, der sich in den Niederlanden befand, reist noch am 7. November 1918 in das Große Hauptquartier nach Spa. Später wird er auch nach Compiègne fahren. Melchior und der bereits erwähnte Geheimrat Dr. Walther Frisch vom Auswärtigen Amt sollen die wirtschaftlichen Reichsämter vertreten.[35] Am 11. November 1918 hat die deutsche Seite, geführt von Staatssekretär Matthias Erzberger, in Compiègne ein auf fünf Wochen befristetes Waffenstillstandsabkommen „entgegennehmen" können. Zu verhandeln hatte es nichts gegeben. Zu diesem Zeitpunkt befand sich Kaiser Wilhelm II. seit einem Tag im holländischen Exil. Der Erste Weltkrieg war zu Ende. Die deutsche Monarchie hatte aufgehört zu existieren. Die deutsche Revolution hatte obsiegt, mit noch ungewissem Ausgang.

Den Vorschlag der Obersten Heeresleitung, einen militärischen Vertreter zum Verhandlungsleiter zu ernennen, hatte die Reichsregierung abgelehnt und stattdessen Erzberger als Vorsitzenden der Kommission eingesetzt. Die Durchführung des Abkommens

übernimmt auf alliierter Seite die „Internationale Ständige Waffenstillstandskommission“ mit Sitz in Spa. Auf deutscher Seite tritt an die Stelle der ursprünglichen Delegation am 14. November 1918 die „Deutsche Waffenstillstandskommission“. Warburg empfiehlt wiederum Melchior als Experten. „Es müßten politisch nicht präjudizierte und am besten in ihren politischen Anschauungen als gemäßigt bekannte Herren sein“, formuliert Warburg.[36]
Im Winter 1918 und Frühsommer 1919 pendeln die Delegierten wochenlang zwischen Paris, Trier und dem einstigen deutschen Hauptquartier in Spa, um zu einer Einigung über die Kriegsentschädigungen zu kommen. Immer noch fürchten die Verhandlungsteilnehmer eine sozialistische Revolution im geschlagenen Deutschland.

Der Versailler Vertrag und seine Folgen – „Dieser Jude [...] und nur er hielt die Würde des Besiegten aufrecht“

Am 28. Juni 1919 wird der Versailler Friedensvertrag unterzeichnet. Mit der Ratifikation des Vertrages am 20. Januar 1920 stellen beide Kommissionen ihre Tätigkeit ein. Am Ende eines sechsmonatigen Verhandlungsmarathons, der in Paris und an anderen Orten mehr als 30 Staaten mit mehreren Tausend Vertretern zusammenführt, bleibt für Deutschland ein halbherziges Friedensdiktat übrig. Das steht nicht erst 1920 fest, als der amerikanische Kongress auch im dritten Anlauf die Ratifizierung des Versailler Friedensvertrages verweigert. Aus deutscher Sicht enthält der Vertrag Akte der Rache, Demütigung und Schikane. Als Alternative, so sieht es Melchior von Anfang an, gilt es, in behutsamen Schritten den Frieden der ökonomischen Vernunft und Verständigung nachzuholen.[37] Melchior wird einer der großen, im Hintergrund wirkenden Finanzexperten der Weimarer Republik werden, der in Versailles die konstruktivsten, am Ende aber nicht durchsetzbaren Vorschläge zur Lösung der Reparationsfrage eingebracht hat.
Melchior wird also als Finanzexperte in der deutschen Kommission einer der beiden nicht militärischen Vertreter. Dem Strudel der Geschichte um ihn herum

begegnet er mit Sachverstand, Verhandlungsgeschick und ausgleichender Ruhe. Ein „Pokerface“ wird ihm nachgesagt. Das täuscht. Aber eher ein „geheimrätlicher Stil“ (so die Beschreibung von Warburg), den sein Habitus, insbesondere sein Gesicht, ausstrahlt. Melchior wird außerdem Vorsitzender der deutschen Finanzkommission mit Sitz in Spa sowie in Trier und in Brüssel.[38] Die Sorge um die dringend notwendige Lebensmittelversorgung der Bevölkerung treibt ihn nach wie vor um. Max Warburg hatte es trotz der dringenden Bitte des Staatssekretärs Eugen Schiffer (1860–1954), leitend tätig im Reichsschatzamt, abgelehnt, den Vorsitz in dieser Kommission zu übernehmen.[39] Da der Vorsitzende von Braun erkrankt, übernimmt Melchior auch den Vorsitz in der Ernährungs- sowie in der Schifffahrts-Kommission. Binnen kurzer Zeit wird Melchior so zur tragenden Säule der deutschen Außenfinanzpolitik in dieser Phase der Friedensvorverhandlungen. Das wird sich später in der Weimarer Republik fortsetzen. Das Waffenstillstandsabkommen muss angesichts von dessen Befristung mehrfach nachverhandelt werden. Die Vorfriedenskonferenz der alliierten und assoziierten Mächte führt zu einer einseitigen Festlegung der Friedensbedingungen.
Bereits der Waffenstillstand vom 11. November 1918 hatte vorgesehen, die Seeblockade gegen Deutschland

fortzusetzen. Die Blockade der deutschen Häfen bleibt daher einstweilen bestehen. Das anhaltende Embargo setzt die Entente als Druckmittel ein. Man hatte dem Text der ersten Waffenstillstandsentscheidung hinzugefügt, „daß die Alliierten die Versorgung Deutschlands in dem für nötig gehaltenen Umfange in Betracht zögen". Aufs Ganze gesehen hatte die staatliche Lebensmittelversorgung bei ihrem Versuch, die städtische Arbeiterschaft einigermaßen angemessen zu versorgen, versagt. Die wiederholten Demarchen von Melchior prallen zunächst am Widerstand, vor allem der Franzosen, ab. Der deutschen Seite ist zudem verboten worden, den Rest ihrer finanziellen Mittel zum Kauf von Lebensmitteln bei benachbarten neutralen Staaten einzusetzen. In den kommenden Monaten wird es vor allem das Bemühen von Melchior sein, die Blockade aufzulösen. Die deutsche Seite ist bereit, die private Handelsflotte als Preis auszuliefern. Die Hoffnungen auf erträgliche Waffenstillstandsbedingungen werden letztendlich in keiner Weise erfüllt. Die französische Seite war durch Marschall Ferdinand Foch (1851–1929) als Oberbefehlshaber über die gesamte Westfront vertreten. Foch tritt nach Kriegsende als Hardliner in der Frage auf, wie man die Besiegten des Krieges behandeln sollte. Er fordert eine Zerstückelung des Deutschen Reichs sowie eine Verlegung der französischen Militärgrenze bis zum Rhein, um jedwede deutsche Aggression gegen Frankreich von vornherein unmöglich zu machen. Gedanken der Rache treten hinzu. Melchior handelt als Vorsitzender der Finanzkommission der deutschen Waffenstillstandskommission das Finanzschlussprotokoll vom 1. Dezember 1918 aus. Wiederholte Verlängerungen führen zu weiteren Verschärfungen. In seinen Besprechungen wird Melchior bald bewusst, dass eine erforderliche große Auslandsanleihe für den Wiederaufbau Deutschlands bei der völlig ablehnenden Haltung der alliierten Seite hoffnungslos ist.

Im Januar 1919 begegnet Melchior in Trier dem Nationalökonomen John Maynard Keynes (1883–1946). Keynes und Melchior erkennen sich sofort als Freunde. Während der Weltwirtschaftskrise in den 1930er Jahren führt Keynes eine Revolution im ökonomischen Denken an. Er gilt als der überragende Wirtschaftswissenschaftler des 20. Jahrhunderts. Bei den Versailler Verhandlungen ist Keynes Leiter der britischen Delegation. Der Jude Melchior mit seinen „blanken Augen“ ist für Keynes die Verkörperung eines zivilisierteren Deutschlands. Über ihre erste Begegnung in einem Eisenbahnwagen in Trier schreibt Keynes wenig später:

„Doch aus ihren Reihen trat nun ein sehr kleiner Mann in die Mitte vor, von exquisiter Sauberkeit, sehr gut und sorgfältig gekleidet, mit einem Stehkragen, der sauber und weißer schien als ein normaler Kragen, den runden Kopf von graumelierten Haar bedeckt, das so kurz geschnitten war, dass es wie der Flor eines dichtgeknüpften Teppichs wirkte, [...] mit Augen, die uns glänzend anblickten und in denen eine ungewöhnliche Trauer stand und doch auch der Ausdruck eines ehrlichen Tieres, das der Jäger in die Enge getrieben hat. Das war er, mit dem ich in den folgenden Monaten eine der denkbar seltsamsten Intimitäten auf der Welt erleben sollte, mit dem ich einige sehr merkwürdige Erfahrungen machen würde – Dr. Melchior."[40]

Und an anderer Stelle: „Melchior sprach immer mit Nachdruck, aber ohne Pause, auf eine Art und Weise, die den außerordentlichen Eindruck hinterließ, daß er wahrhaftig war. [...] Dieser Jude – denn das war er, wie ich nicht aus seinem Aussehen entnahm, sondern später erfuhr – und nur er hielt die Würde des Besiegten aufrecht."[41]

Keynes setzt seinem ehemaligen Verhandlungsgegner Melchior in seiner Erzählung über die 1920er Jahre eine Art literarisches Denkmal, wenn er über ihn schreibt: „Nur er wahrte die Würde in der Niederlage."

Er wird als Verhandlungspartner immer wichtiger, weil er akzeptiert wird und vor allem die britische Delegation schnell begreift, dass er ein verlässlicher

Verhandlungs- und Gesprächspartner mit Augenmaß ist. Denn es ist nicht zuletzt die in wenigen Gesprächen aufgebaute Vertrautheit zwischen dem britischen Ökonomen Keynes und dem deutschen Bankier Melchior, die den schwierigen Fall zu lösen hilft. Melchior empfand wie viele andere die Zusagen des US-amerikanischen Präsidenten Woodrow Wilson gegenüber Deutschland als Irreführungen.
Von tatsächlichen Verhandlungen kann immer noch keine Rede sein. Mitte März 1919 informiert Melchior Warburg allerdings vom Durchbruch in der Frage der Versorgung Deutschlands mit Lebensmitteln gegen die Ablieferung der Handelsflotte. Seit Mitte März 1919 konzentrieren sich die Verhandlungen dazu auf drei Personen: den amerikanischen Präsidenten Wilson, den französischen Premier Georges Clemenceau und dessen britisches Gegenüber David Lloyd George. Diese sind sich indes keineswegs einig. Der deutsche Verhandlungsführer Ulrich Graf Brockdorff-Rantzau erweist sich in seinem aristokratisch geprägten Diplomatenhabitus indes als kaum geeignet für Verhandlungen. Es häufen sich diplomatische Ungeschicklichkeiten. Auch Melchior ist wohl über den Zustand der Verhandlungen entsetzt. Am 28. April 1919 fahren die sechs deutschen Hauptdelegierten von Berlin nach Paris/Versailles. Die deutsche Delegation ist im feudalen Château de Villette

Abb. 2: Die deutsche Friedensdelegation in Versailles

einquartiert, bewacht von etwa 200 schwer bewaffneten Soldaten. Melchior bleibt dabei eher der Mann im Hintergrund, obwohl er – der ein fast vollkommenes Englisch und auch ein vorzügliches Französisch spricht – der Sprecher der deutschen Delegation ist, wie Keynes vermerkt.

Als es zu den ersten Andeutungen über die Höhe der zu leistenden Zahlungen kommt, ist ihnen die Unmöglichkeit bewusst, diesen nachkommen zu können. Man tat – vor allem von französischer Seite – zudem alles, um die deutsche Delegation zu demütigen. Am 7. Mai 1919 übergibt Clemenceau im Schloss Trianon die Friedensbedingungen mit der brüsken

Erklärung, eine Verhandlung über Konditionen werde nicht stattfinden.[42] Die übergebenen Friedensbedingungen kommen einem vernichtenden Urteilsspruch gleich. Die deutsche Delegation könne jedoch innerhalb einer Frist von 15 Tagen etwaige Bemerkungen vorlegen. Brockdorff-Rantzau kommentiert: „Man hätte das auch alles in einem Satz zusammenfassen können: ‚Deutschland gibt alle Ansprüche auf zu existieren.'" Melchior sieht dies ähnlich. „Damit hat unser öffentliches Leben nur noch den Schein, nicht mehr das Wesen wirklicher Souveränität. Deutsches Eigentum ist vogelfrei", klagt er.[43] Max Warburg lässt seiner Entrüstung über die „schamlosen Rechtsverletzungen" freien Lauf.[44]

Melchior und Warburg arbeiten zusammen mit der deutschen Finanzkommission einen (weiteren) Gegenvorschlag vom 29. Mai 1919 aus. Niemand bezweifelt eine Wiedergutmachung der immensen Kriegsschäden in Frankreich und in Belgien. Der Vorschlag soll indes an der Leistungsfähigkeit Deutschlands ausgerichtet sein und einen „Frieden der ökonomischen Vernunft" erreichen. Melchior stellt sich eine Entschädigungssumme von etwa 100 Milliarden Goldmark vor; zugleich will Deutschland damit eine weitgehende territoriale Unversehrtheit des Landes erreichen.[45] Melchior denkt dabei an das Saarland und an Oberschlesien. Das Angebot wird allerdings durch zahlreiche deutsche Rechtsvorbehalte geschwächt. Die amerikanische und die britische Seite zeigen sich von dem Gegenvorschlag vom 29. Mai 1919 immerhin beeindruckt. Er kommt einer Friedensordnung im Geist von Wilsons „14 Punkten", die er Anfang Januar 1918 in einer Rede umrissen hatte, durchaus nahe – aber die Franzosen beharren auf ihrem bislang eingenommenen harten Standpunkt. Melchior will die deutsche Wirtschaftskraft im Saarland und in Oberschlesien erhalten, wie es auch den Vorstellungen der Reichsregierung entspricht. Alles bleibt am Ende ergebnislos.

Das alliierte Ultimatum vom 16. Juni 1919 weist die deutschen Vorschläge rundweg zurück. Es enthält die Aufforderung, den Vertrag anzunehmen, andernfalls werde Deutschland besetzt. Die deutsche Verhandlungsführung ist zwar mit den „Richtlinien für die deutschen Friedensunterhändler" ausgestattet, trotzdem verfügt sie über keinerlei Autorität. Noch am selben 16. Juni 1919 reist die knapp 180 Mitglieder zählende deutsche Delegation fast vollständig ab.

Entgegen den Erwartungen der alliierten Seite bleiben Max Warburg und Melchior hartnäckige Gegner des vorgelegten Friedensvertrages. Die schwere Bürde der Ungewissheit bleibt: Der Versailler Vertrag bestimmt nicht, wie hoch die Reparationszahlungen ausfallen und über welchen Zeitraum sie sich erstrecken.

Die Alliierten hatten vorerst nur eine Entschädigungspflicht zur Zahlung in nicht begrenzter Höhe festgeschrieben. Erst im Mai 1921 wird sich die Reparationskommission auf eine vorläufige Obergrenze verständigen. Alle Optionen sind mit negativen Konsequenzen verbunden. Eine deutsche Haushaltspolitik, um die Reparationszahlungen zu ermöglichen, scheint Melchior gänzlich ausgeschlossen. Kein Land wäre nach einem verlorenen Krieg zu den geforderten Zahlungen in der Lage. Das war seine feste Überzeugung.[46] Man fühle sich durch das Friedensangebot der „14 Punkte“ von Anfang 1919 durch den amerikanischen Präsidenten Wilson getäuscht.
Bereits am 6. Juni 1919 hatte Keynes demonstrativ alle Ämter niedergelegt, da er fürchtete, eine Belastung Deutschlands über dessen ökonomische Leistungsfähigkeit hinaus werde „Europa ins Verderben treiben“. Ein vernichtender karthagischer Friede, wie Keynes es formulierte, ist der Friedensvertrag von Versailles nicht geworden.[47] Den Alliierten geht es zu diesem Zeitpunkt nur um die Verhinderung künftiger deutscher Machtpositionen. Der Mythos vom Schandvertrag, insbesondere die Zuweisung der Kriegsschuldfrage in Art. 231 des Versailler Vertrages, sollte nach dem Urteil vieler Historiker die neue Republik stärker zersetzen als die ökonomische Schwächung durch Reparationen und Gebietsverluste. Am 16. Juni 1919 teilen

die Alliierten den sechs verbliebenen deutschen Delegierten die ultimative Aufforderung mit, den Vertrag anzunehmen, ansonsten werde Deutschland besetzt. Die Geduld, auch von Melchior, ist jetzt zu Ende. Er kann nicht akzeptieren, dass Deutschland planmäßig und dauernd in den Zustand einer immerwährenden ökonomischen und sozialen Abhängigkeit versetzt werden soll, und sieht sehr klarsichtig den Zusammenhang von Reparations-, Wirtschafts- und Verfassungskrise. Er verlässt Versailles wie ein Paria. Er wird „mit Flaschen, Steinen und allem möglichen Unrat" beworfen, wie es der Sekretär von Melchior, Albert Rose, berichtet, und durch einen Stein im Nacken getroffen. Er war der Einzige, der in der sechsköpfigen deutschen Hauptdelegation kein politisches Amt innehatte.

Die deutsche Delegation empfiehlt dem Ministerpräsidenten des Reiches, Philipp Scheidemann (1865–1939), am 18. Juni 1919 in Weimar einstimmig und nachdrücklich die Ablehnung des Friedensvertrages.[48] Das war auch die ausdrückliche Meinung von Max Warburg und Melchior.[49] Ihnen war dabei bewusst, dass die Ablehnung des Vertrages zu weiteren Schwierigkeiten führen werde. Am 20. Juni 1919 tritt das Kabinett Scheidemann, die erste frei gewählte Reichsregierung, nach einem Sitzungsmarathon in der Nationalversammlung zurück. Am 23. Juni 1919

Abb. 3: Carl Melchior in Versailles

stimmt die Weimarer Nationalversammlung dem Versailler Vertrag zu. Eine neue Reichsregierung war zuvor unter Gustav Bauer gebildet worden. Man folgt der ultimativen alliierten Interventionsdrohung, obwohl eine Okkupation Deutschlands durch die Entente-Generäle als aussichtslos beurteilt wird. Melchior kehrt nach Hamburg zurück. Er wird von Republikfeinden und Antisemiten massiv als Verräter beschimpft werden.

Am 28. Juni 1919 wird der Friedensvertrag im Spiegelsaal von Versailles unterzeichnet. Die Artikel 231 ff. des Vertrages erstrecken die deutsche Reparationsschuld auf den Ersatz der von den Siegerstaaten zu zahlenden Kriegspensionen. Die Festsetzung der Reparationskosten überantwortet der Vertrag der in Paris errichteten „Reparationskommission“. An ihr wird Deutschland nicht beteiligt sein. Für Melchior ist unzweifelhaft, dass die endgültige Feststellung der zu zahlenden Reparationen die deutsche Leistungsfähigkeit weit übersteigen werde. Bei Nichterfüllung der Vertragsverpflichtungen sieht der Vertrag militärische und politische Sanktionen vor. Die wiederholte Anwendung der Sanktionsklauseln in den kommenden Jahren wird Deutschland mehrfach in schwerste Krisen stürzen. „Ein verstümmeltes und seiner wichtigsten äußeren Erwerbsquellen beraubtes Deutschland soll Lasten tragen, die das gesamte Vermögen des früheren territorial und wirtschaftlich ungeschwächten Deutschlands bei weitem überstiegen hätten“, wird es Anfang 1934 in einem Nachruf auf Carl Melchior heißen.[50] Im Juli 1919 formuliert Melchior in einem Vortrag in der Gesellschaft Hamburger Juristen zur Frage, wie sich Deutschland von der Last der aufgelegten Reparationen befreien könne, mit großer Bestimmtheit: „Unser Schicksal – und damit das Schicksal des europäischen Kontinents – wird davon abhängen, ob wir den Wiedergutmachungsausschuss zur Einsicht bringen, dass die Grundlagen für die Begrenzung unserer Entschädigungspflicht nicht in den Zahlen und Mengen des Friedensvertrags, sondern in der Leistungsfähigkeit des deutschen Volkes, seiner Produktionsmöglichkeit und seiner Steuerkraft zu finden sind." Dieses Vorhaben wird misslingen.[51] Es ist vorauszusehen, dass die endgültige Festsetzung der Reparationen die deutsche Wirtschaftskraft weit übersteigen und den wirtschaftlichen Zusammenbruch herbeiführen wird. Nach dem Unterschreiben des Versailler Vertrages beginnt in Deutschland die Suche nach den „Sündenböcken". Eiferer im rechten Spektrum finden sie bei den Juden, auch bei Max Warburg und Carl Melchior, obwohl diese die Unterzeichnung des Vertrages abgelehnt hatten.[52]

Die Ablehnung des Friedensvertrages durch Melchior war nicht unpatriotisch, sondern aus seiner Sicht genau das Gegenteil. Melchior vertrat wirtschafts- und gesellschaftspolitisch staatsbejahende Ansichten und in diesem Sinne war er „konservativ". Wahrscheinlich war er mit Kriegsbeginn – wie viele andere Juden – für den Sieg Deutschlands mit einer wilhelminischen Gesellschafts- und Wirtschaftsordnung eingetreten. Diese Grundhaltung änderte er nicht. Melchior gilt 1919 als Mitbegründer der linksliberalen Deutschen Demokratischen Partei (DDP).[53] Die Partei geht Ende

Preis M 1,36

DIE FRIEDENSLAST

DIE PROBLEME DES FRIEDENSVERTRAGES IN GEMEINVERSTÄNDLICHER DARSTELLUNG

HERAUSGEGEBEN VON DER DEUTSCHEN LIGA FÜR VÖLKERBUND

I.

DEUTSCHLANDS FINANZIELLE VERPFLICHTUNGEN AUS DEM FRIEDENSVERTRAGE

VON

DR. CARL MELCHIOR

DEUTSCHER

kennst Du Deutschlands Zukunft?

Der Finanzfachmann unter den Friedensdelegierten schildert in unübertrefflicher Sachkenntnis die verheerenden Folgen der Finanz-Bestimmungen des Friedensvertrages

1920

HANS ROBERT ENGELMANN / BERLIN

Abb. 4: Titelblatt von Carl Melchior, „Deutschlands finanzielle Verpflichtungen aus dem Friedensvertrage", Berlin 1920

1918 aus der Fortschrittlichen Volkspartei hervor, die 1917/18 mit Friedrich von Payer an den letzten zwei Reichsregierungen des Kaiserreichs beteiligt war. Im Januar 1919 gewinnt die DDP bei den Wahlen zur verfassungsgebenden Nationalversammlung knapp 20 Prozent der Stimmen. Ein Parteiamt wird Melchior in der DDP nicht übernehmen. Er wird aber Führer der parteiinternen Gruppierung selbständiger Kaufleute und bleibt in dieser Zeit eher ein Mann im Hintergrund, nach außen hin ein Privatbankier. Bei den Reichstagswahlen vom November 1932 wird die Partei nur noch ein Prozent der Wählerstimmen erreichen. Die vorübergehende Vereinigung der DDP mit völkischen Kräften 1930 lehnt Melchior ab, bleibt aber Wähler der daraus hervorgehenden Deutschen Staatspartei (DSt).

Internationale Konferenzen über Reparationszahlungen, 1919–1922

Die endgültige Höhe der zu leistenden Reparationen bestimmte der Versailler Vertrag selbst nicht. In selbstbewusster Nüchternheit merkt Melchior zu der damit verbundenen Kriegsschuldfrage lakonisch an, die Wahrheit liege „ebenso weit entfernt von der Unschuldslegende der einen wie von Flagellantismus der anderen".[54] Die Verhandlungen mit den ausländischen Bankhäusern wurden in erster Linie durch Vermittlung des Bankhauses Max M. Warburg & Co geführt. Das Bankhaus hatte wegen der Tüchtigkeit seines Hauptinhabers Max Warburg im Ersten Weltkrieg eine große Bedeutung für ganz Deutschland gewonnen.[55]

Noch im Juli 1919 erhält Melchior das Angebot, Staatssekretär im Reichswirtschaftsministerium zu werden. Er könne die Nachfolge von Wichard von Moellendorff (1881–1937) antreten. Dieser war aus wirtschaftspolitischen Gründen zurückgetreten, ebenso der sozialdemokratische Wirtschaftsminister Rudolf Wissell (1869–1962). Melchior lehnt die ehrenvolle Berufung ab, obwohl er gewiss für das Amt prädestiniert ist. Er wolle sich seine Unabhängigkeit bewahren, so heißt es. Das Angebot, als Finanzminister in die Reichsregierung einzutreten, lehnt er mit dem Hinweis auf

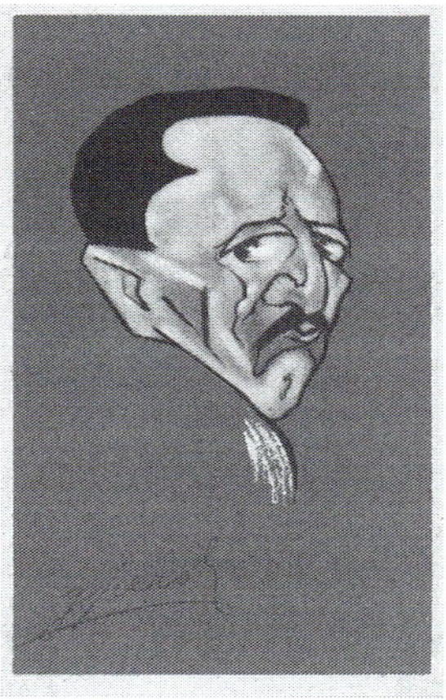

Abb. 5: Postkarte mit einer Karikatur von Carl Melchior, um 1920

zu befürchtende antisemitische Agitationen ab; desgleichen lehnt er es ab, Präsident der Reichsbank zu werden. Dennoch zieht sich Melchior nicht wirklich zurück.

In den 1920er Jahren wird Melchior mehrfach von staatlicher Seite beauftragt, auf zahlreichen internationalen Konferenzen die deutschen Interessen mit dem Ziel zu vertreten, Deutschland von den Reparationszahlungen des Versailler Vertrages zu entlasten. Er nimmt an der ersten großen Finanzkonferenz 1920 in Brüssel teil und wirbt auf dieser und den nachfolgenden Konferenzen und in zahlreichen Gesprächen für seine Ansicht, dass Deutschland objektiv leistungsunfähig sei. Melchiors Tätigkeit als Berater, Delegierter und Sachverständiger macht ihn in den Jahren bis einschließlich 1932 zu einer Art Symbol für die persönliche Kontinuität in der deutschen Außenwirtschaftspolitik. Er erwirbt sich auch im Ausland eine allseitige Wertschätzung. Dabei lässt Melchior keinen Zweifel daran aufkommen, dass die wirklichen Streitfragen in

der Beurteilung der Leistungsfähigkeit und des Zahlungswillens Deutschlands liegen.[56]
Der Vertrag von Versailles bedurfte in der Tat der praktischen Umsetzung. Das sollte zunächst eine der Hauptaufgaben der Konferenz von Spa werden (5.–16. Juli 1920).[57] In der Vorkonferenz des Alliierten Obersten Rates in Boulogne (21./22. Juni 1920) wurde eine Gesamtschuld von 269 Milliarden Goldmark errechnet, zahlbar in 42 Jahresbeträgen (Annuitäten).

In der Konferenz von Spa sind die Gegensätze der Alliierten und der deutschen Seite über die Reparationsfrage nur als Gegenstände von Vorverhandlungen diskutierbar. An ihnen ist auch Melchior als sachverständiger Berater der neuen deutschen Regierung unter Reichskanzler Constantin Fehrenbach beteiligt.[58] Der Vorschlag aus der Vorkonferenz von Boulogne lautete, anfänglich drei, dann sich steigernd sechs und schließlich sieben Milliarden Goldmark jährlich zu zahlen. Deutschland widerspricht dem und erhebt den Anspruch – der durchaus auch der Sichtweise vom teilnehmenden Melchior entsprach –, die „Erfüllbarkeit" zum Maßstab der deutschen Erfüllungspflicht zu machen.[59] Die Erfüllbarkeit hänge von der wirtschaftlichen und finanziellen Leistungsfähigkeit Deutschlands ab. Damit hatte Deutschland das entscheidende Kriterium benannt, an dem es auch in den folgenden Jahren – bei allen Variationen im Einzelnen – festhielt. Maßgebend sei zudem die Ausgewogenheit des Reichshaushaltes. Eine rasch wachsende Verschuldung und die aus dieser folgende Inflation werde die deutsche Leistungsfähigkeit und damit die Erfüllbarkeit der Reparationslast zerstören. Darin besteht der Haupteinwand, auch von Melchior. Die Alliierten sehen dies ganz anders. Sie beschränken sich, als eine Einigung ausgeschlossen scheint, in der Konferenz von Spa darauf, die interne Verteilung der zu leistenden Reparationen zu regeln. Die Verständigung in der Sache selbst wird also vertagt. Sie soll Gegenstand einer Konferenz in Genf werden.

Gemeinschaftsprojekte wie der Seydoux-Plan 1920/21 oder das Wiesbadener Abkommen 1921, an denen Melchior beteiligt ist, scheitern weitgehend am Einspruch von Großbritannien und Frankreich.[60] Man befindet sich zudem zu jenem Zeitpunkt mitten in der Wirtschaftskrise der Nachkriegszeit, was jede Übereinkunft, die möglicherweise den Export deutscher Produkte begünstigen würde, sehr schwierig macht. Die deutsche Seite ist verärgert, als die Alliierten den Seydoux-Plan Ende Januar 1921 überraschend fallen lassen. Dem Krieg folgt somit viele Jahre lang ein „Reparationskrieg". Diese Position vertritt Melchior und auch John Maynard Keynes.

Zu einer Konferenz von Genf kommt es indes nicht. Stattdessen tagt vom 15. bis 22. Dezember 1920 und im Januar 1921 in Paris eine Konferenz, in der Sachverständige in Vorbereitung eines Beschlusses über die Höhe der deutschen Reparationsschuld beraten sollen. Als deutsche Sachverständige nahmen aus der Privatwirtschaft der Hamburger Hapag-Generaldirektor Wilhelm Cuno (1876–1933) und die Bankiers Carl Melchior und Emil Georg von Strauß (Deutsche Bank) teil. Die alliierte Seite fordert eine jährliche Zahlung von drei Milliarden Goldmark als Abschlagzahlung auf die zu fordernden Reparationsleistungen. Diese Belastung erscheint der deutschen Seite wirtschaftlich untragbar. Daraufhin treten in der Zeit vom 24. bis 29. Januar die alliierten Regierungen in der Konferenz zu Paris zusammen und übermitteln den Deutschen am 29. Januar 1920 die „Pariser Beschlüsse". In der Reparationsfrage wird die Zahlung von 226 Milliarden Goldmark gefordert, zu zahlen in jährlichen Beträgen, beginnend mit dem 1. Mai 1921, endend am 2. Mai 1963. Auch dies ist sowohl nach der Gesamthöhe als auch nach den Jahresraten für Deutschland unverändert eine unerfüllbare Last. Über die Pariser Beschlüsse soll in einer Konferenz in London im Februar gesprochen werden, zu der die deutsche Seite eingeladen wird. Diese Konferenz beginnt am 1. März 1920. An ihr nimmt Melchior nicht

teil. Die Konferenz geht erfolglos zu Ende. Die alliierte Seite lehnt alle Gegenvorschläge der Deutschen ab und droht mit Sanktionen.
1921 besetzen alliierte Truppen die Städte Düsseldorf, Duisburg und das Rheinland. Ferner beschlagnahmen die französischen und belgischen Behörden die deutschen Zolleinnahmen an der deutsch-französischen und der deutsch-belgischen Grenze. Die US-amerikanische Regierung versagt sich einem von Deutschland angeregten Vermittlungsversuch. Daraufhin erklärt die Reichsregierung Fehrenbach am 4. Mai 1921 ihren Rücktritt. Die letzte Forderung der Alliierten betrug zwar nur 132 Milliarden Goldmark. Das entsprach indes einer wirtschaftlichen Gesamtbelastung von 226 Milliarden Goldmark und stellte etwa das Dreifache des Bruttosozialprodukts des Vorkriegsjahres 1913 dar.
Das Deutsche Reich steht wirtschaftlich längst mit dem Rücken zur Wand; Kriegsanleihen sind an die eigene Bevölkerung zurückzuzahlen. Das macht es – so der deutsche Einwand – unmöglich, Geld für die Reparationsleistungen aufzubringen. Das neuartige System der politischen Schuldenzahlungen warf für die deutschen Reparationsleistungen ungewohnte Probleme des Transfers von Summen in bisher völlig unbekannter Höhe auf. Die deutsche Regierung entschied sich dafür, die abzuführenden Zahlungen

durch ausländische Kredite zu erfüllen. Das musste auf Dauer zu einer inflationären Rosskur führen.
In seiner Note vom 11. Mai 1921 verpflichtet sich das Deutsche Reich, die von den Alliierten erhobenen Forderungen ohne Vorbehalt oder Bedingung zu erfüllen. Der bisherige Vorbehalt der „Erfüllbarkeit“ wird dabei nicht wiederholt. Von deutscher Seite zweifelt jedoch niemand daran, dass die Verpflichtungen unerfüllbar sind. Selbst durch die Einräumung von lang gestreckten Tilgungsraten würde die Gesamtschuld bei Erstreckung auf eine Generation bei etwa 300 Milliarden Goldmark liegen, so rechnet die deutsche Seite. Schon bei den ersten zu leistenden Raten treten unlösbare Schwierigkeiten auf.[61]
Ein zweites Kabinett unter Reichskanzler Joseph Wirth wird gebildet (24. September 1921 bis 16. November 1922). Auch dieses Kabinett versucht, an der deutschen Erfüllungsbereitschaft nach außen hin festzuhalten, trotz der offenkundigen Unerfüllbarkeit der Reparationslasten. Den im November 1921 gestellten Antrag der Reichsregierung auf Zahlungsaufschub für die am 15. Januar 1922 und 15. Februar 1922 fälligen Raten lehnt die Reparationskommission ab. Stattdessen wird eine Fünfmächte-Konferenz von Cannes einberufen (6. bis 13. Januar 1922). Die Mark wird wegen kaum zu vermeidender Inflation gegen Ende 1922 nur noch ein Tausendstel des Wertes von

1914 haben. Die Ursachen der späteren Hyperinflation durch eine übermäßige Ausweitung der Geldmenge ist bereits jetzt erkennbar. Der Alliierte Oberste Rat lädt Deutschland ein, eine Delegation zu der Konferenz zu entsenden. Die Reparationskommission bestätigt am 21. März 1922 den Zahlungsaufschub unter zahlreichen Bedingungen. Diese führen erneut zu Reparationsforderungen in einer Höhe, das von einer Erfüllbarkeit nicht gesprochen werden kann. Die Reichsregierung wird vor unlösbare Probleme gestellt. Deutschland könne die Reparationslasten für das Jahr 1922 aus eigenen Mitteln nicht aufbringen, heißt es. Die Erfüllungspolitik sei nur mithilfe von Auslandsanleihen durchzuhalten.
Der Alliierte Oberste Rat beschließt am 6. Januar 1922 in Cannes ferner, die Sieger und die Besiegten zu einer den Fragen des weltwirtschaftlichen Wiederaufbaus gewidmeten Wirtschafts- und Finanzkonferenz nach Genua einzuladen (10. April bis 19. Mai 1922). Mit Ausnahme der USA nehmen an der Konferenz 28 Staaten teil. Im Januar 1922 fordert Reichskanzler Wirth Melchior auf, an einer Arbeitsgruppe mitzuwirken, die Pläne für die Weltwirtschaftskonferenz von Genua ausarbeiten soll. Max M. Warburg lehnt eine Teilnahme ab.[62]
Seit April 1922 sind die Anzeichen einer beginnenden Inflation erkennbar. Melchior äußert sich dazu

in seinem Beitrag „Der Zusammenbruch der Reichsmark und das Problem ihrer Stabilisierung".[63] Es sei müßig, die Stabilisierung der Mark zu versuchen, solange das Problem der deutschen Zahlungsverpflichtungen aus dem Versailler Vertrag, vor allem das Reparationsproblem, nicht gelöst sei, schreibt er. Diese Lasten dürften die Steuerkraft des deutschen Volkes nicht überschreiten und auch die deutsche Zahlungsbilanz nicht dauernd zur Passivität verurteilen. Melchior erklärt, die Frage, zu welchem Kurs die Regulierung der deutschen Valuta erfolgen solle, bedürfe zudem genauester Prüfung. Man müsse sich aber darüber klar sein, dass man einen festen Stabilisierungskurs nicht annehmen könne, weil die Reichsmark wahrscheinlich das größte Spekulationsobjekt sei, das die Geschichte der Spekulation bisher gekannt habe. Aber Melchior betont ausdrücklich, „dieser langsame und schwierige Weg muss trotzdem beschritten werden, sofern Deutschland nicht infolge sonstiger fortschreitender Finanzzerrüttung wirtschaftlich und sozial vollkommen zerfallen soll".[64] Immerhin, die Einwände der deutschen Seite beeinflussen die britische Politik. Am 1. August 1922 erklärt man dort, auf Reparationen von Deutschland zu verzichten, wenn die USA dasselbe tun würden. Dazu kommt es allerdings nicht.

Der Vertrag von Rapallo vom 16. April 1922 wurde im italienischen Rapallo zwischen dem Deutschen Reich und der Russischen Sozialistischen Föderativen Sowjetrepublik geschlossen. Der überraschende Vertragsschluss findet am Rande der Finanz- und Wirtschaftskonferenz von Genua statt. Unterzeichnet wird der Vertrag von Reichskanzler Wirth, dem deutschen Außenminister Walther Rathenau und dessen sowjetrussischen Amtskollegen Georgi Tschitscherin. Der Vertrag tritt sofort mit Unterzeichnung in Kraft. Beide Staaten verzichteten in ihm auf Reparationen für Kriegsschäden, Deutschland zudem auf Entschädigungen für das im Zuge der Revolution verstaatlichte ehemals deutsche Eigentum.[65]

Der Vertrag von Rapallo trug dazu bei, dass Frankreich eine geringfügige Unterschreitung der im Vertrag von Versailles vorgeschriebenen Reparationsleistungen als Vorwand zur Ruhrbesetzung von 1923 nutzte. Damit waren beide Länder von der internationalen Politik der Westmächte zunächst isoliert. Durch den Vertrag von Rapallo erhielt Sowjetrussland erstmals eine völkerrechtliche Anerkennung.

Inwieweit Melchior an der Ausarbeitung des Rapallo-Vertrags beteiligt war, ist nicht geklärt. Aus Gründen strenger Geheimhaltung erfolgten keine klärenden Darstellungen. Von den fünf deutschen Delegationsmitgliedern, die an entscheidenden Gesprächen teilnahmen, hat nur der Leiter der Ostabteilung des Auswärtigen Amts, Adolf Georg Otto (genannt Ago) Freiherr von Maltzan, der Spiritus Rector der politischen Annäherung an Sowjetrussland und des Vertragsabschlusses, zu diesem Zeitpunkt Aufzeichnungen hinterlassen. Melchior hingegen nicht. Von daher kann auch bezweifelt werden, ob er an den Gesprächen zum Rapallo-Vertrag überhaupt beteiligt war. Im Gegensatz zu der Mehrheit der deutschen Vertreter spricht er sich jedenfalls gegen den Rapallo-Vertrag aus.[66]

In der Kabinettsitzung vom 27. Mai 1922 unterwirft sich die Reichsregierung erneut dem offensichtlich nicht erfüllbaren Diktat der alliierten Seite, das maßgebend von der französischen Politik bestimmt wird. Zusammen mit zugestandenen Sachleistungen hatte Deutschland monatliche Raten von zusammen 438 Millionen Goldmark zu erbringen. Einwände aus dem Reichstag kann die Regierung noch abwehren. Seit Juli 1922 ist deutlich, dass die deutsche Seite die monatlichen Geldleistungen zum Zwecke der Erfüllung der Reparationskosten nicht erbringen kann. Die Reichsregierung bittet die Reparationskommission erneut um Zahlungsaufschub. Der Sommer 1922 ist mit der aufschiebenden Behandlung des Begehrens der Reichsregierung ausgefüllt. Diese strebt eine endgültige Reform der deutschen öffentlichen Finanzen an, teilte sie jedenfalls mit. Auch eine Verlängerung der Laufzeit der Schatzwechsel scheitert. Ende Oktober 1922 erscheint die Reparationskommission in Berlin. Deren Vorsitzender Louis Barthou ist ein harter Verfechter der französischen Erfüllungslinie, wie sie vor allem durch den konservativen Ministerpräsidenten Frankreichs und gleichzeitigen Außenminister Raymond Poincaré (1860–1934) vertreten wird. Nach dem Ende seiner Amtszeit als Staatspräsident hatte Poincaré zeitweilig die alliierte Reparationskommission geleitet. Inzwischen schreitet die Inflation rasant fort. Die Kommission reist am 8. November 1922 mit dem Ergebnis ab, die deutschen Vorschläge in Paris zu überprüfen. Am 14. November 1922 tritt die Reichsregierung Wirth zurück. Noch am selben Tag wurde der Reparationskommission mitgeteilt, unter welchen Voraussetzungen eine Erfüllung der Reparationsleistungen denkbar wäre.[67] Neuer Reichskanzler wird der bereits erwähnte Wilhelm Cuno, der ein Minderheitskabinett der bürgerlichen Mitte mit zahlreichen parteilosen Fachministern bildet.

Der neue Reichskanzler Cuno verkündet am 22. November 1922 in seiner Regierungserklärung, man werde in der Frage der Reparationsleistungen nach dem Motto „Erst Brot, dann Reparationen“ verfahren und die der Reparationskommission mitgeteilten

Maßnahmen umsetzen. Dafür erhielt Cuno im Reichstag eine breite Zustimmung.

Die Besetzung des Ruhrgebiets und eine dramatische Geldentwertung

Am 27. November 1922 bittet die neue Reichsregierung für die Dauer von fünf Jahren um einen Zahlungsaufschub. Die Antwort der Reparationskommission vom 10. Dezember 1922 lehnt dies ab. Auf der nächsten Konferenz über die Reparationszahlungen, die vom 2. bis 4. Januar 1923 in Paris stattfindet, kommt es wegen Meinungsverschiedenheiten innerhalb des Alliierten Obersten Rats zu keinem Ergebnis. Damit obliegt der Fortgang der Auseinandersetzungen wiederum der Reparationskommission. Diese stellte am 9. Januar 1923 gegen die Stimmen von Großbritannien die „Nichterfüllung" der deutschen Leistungspflichten fest. Einen Tag später kündigt Frankreich die Besetzung des Ruhrgebietes an, die am 11. Januar 1923 mit sieben französischen und belgischen Divisionen mit einer Gesamtstärke von etwa 45 000 Mann beginnt.
Deutschland gerät jetzt zunehmend in den Strudel der dramatischsten Geldentwertung, die das Land je erleben sollte. Die Besetzung des Ruhrgebietes

macht das Bemühen der Reichsregierung um eine Lösung der Reparationsfrage zu einem hoffnungslosen Unternehmen.[68] In dieser Lage bleibt der Reichsregierung und dem Reichspräsidenten nur übrig – so sahen sie dies jedenfalls –, zum passiven und teilweise auch aktiven Widerstand aufzurufen. Die französisch-belgischen Invasionsbehörden beantworten den Widerstand mit geradezu rücksichtslosen Sanktionen. Die eingesetzten Kontrollbehörden beanspruchen die uneingeschränkte Gesetzgebungs-, Exekutiv- und Justizgewalt für sich. Gegen die deutsche Bevölkerung verhängen die Invasionsbehörden Verhaftungen und Ausweisungen in großer Zahl. Es kommt zu militärischen Übergriffen mit Todesopfern. Hinzu kommt, dass der Teufelskreis der Inflation beginnt. Immer mehr Geld ist bald immer weniger wert, Preise und Löhne explodieren. Geld ist Spielgeld geworden. Während der Ruhrbesetzung gibt es am 8. Juni 1923 eine dreitägige Geheimkonferenz in Berlin, an der Reichskanzler Wilhelm Cuno, Außenminister Frederic von Rosenberg und Melchior sowie, für die britische Regierung, auch John Maynard Keynes teilnehmen.[69] Das genaue Ziel der Konferenz ist unklar. Melchior tritt auch öffentlich für eine Stabilisierung der Mark ein. Dazu kommt es einstweilen nicht. Niemand weiß eine Lösung. Die Regierung Cuno ist mit ihrer Politik des passiven Widerstandes am Ende.

Nach dem Regierungswechsel am 13. August 1923 und unter dem neuen Reichskanzler Gustav Stresemann (1878–1929) ist es beschlossene Sache, den Widerstand gegen die Ruhrbesetzung durch die französischen und belgischen Einheiten vollständig aufzugeben. Der Reichspräsident und die Reichsregierung teilen dies am 26. September 1923 in einer gemeinsamen Erklärung mit. Die Entscheidung wird von der Öffentlichkeit weitgehend ruhig aufgenommen. Gleichzeitig steigt die Hochinflation unverändert an. Am 9. Juni 1923 kostete in Berlin ein Ei 800 Mark, am 2. Dezember 1923 dagegen 320 Milliarden Mark. Der größte Profiteur wird der Staat werden. Seine gesamten Kriegsschulden in Höhe von 154 Milliarden Mark belaufen sich, als am 15. November 1923 die neue Währung Rentenmark eingeführt wird, auf gerade einmal 15,4 Pfennige. Am 6. Oktober 1923 hatte sich das zweite Kabinett Stresemann gebildet, das nur bis 23. November 1923 im Amt bleiben wird.
Der französische Ministerpräsident Poincaré weigert sich weiterhin, die Bedingungen hinsichtlich der Reparationszahlungen zu verändern. Am 30. November 1923 bildet Wilhelm Marx (Zentrum) eine neue Reichsregierung. Bereits die vorherige Regierung Stresemann hatte am 24. Oktober 1923 gegenüber der Reparationskommission das Unvermögen der deutschen Seite zur Wiederaufnahme von

Reparationsleistungen mitgeteilt. Immerhin gelingt es zunächst, mithilfe des Provisoriums der „Rentenmark" den Kursverfall der deutschen Währung gegenüber dem US-Dollar zu stoppen.
Die französische Seite unter Führung Raymond Poincarés ist jedoch entschlossen, den Druck auf Deutschland zu verstärken. Dagegen sind Großbritannien unter Führung von Premierminister Stanley Baldwin und die USA für die erneute Einberufung einer Konferenz. Auf der Grundlage eines Gutachtens von weltweit anerkannten Sachverständigen soll dort die deutsche Leistungsfähigkeit beurteilt werden. Zugleich solle die Konferenz einen neuen Plan über Art und Umfang der deutschen Reparationslieferungen aufstellen.[70] Frankreich sagt den Abzug seiner Truppen aus dem Rheinland innerhalb eines Jahres zu.

In diesen turbulenten Jahren 1922/23 gründen Max M. Warburg und Albrecht Mendelssohn Bartholdy (1874–1936) an der Universität Hamburg das „Institut für Auswärtige Politik".[71] Die Initiative liegt neben Warburg auch bei Carl Melchior und Max von Baden. Der thematische Schwerpunkt des Instituts soll auf der Kriegsursachenforschung liegen, als ein Teil der Friedensforschung und damit als ein neues Arbeitsgebiet. Mit den Mitteln der Wissenschaft soll eine Friedenspolitik unterstützt werden. Melchior wird ein enger Vertrauter von Mendelssohn Bartholdy, der 1925 Mitglied des internationalen Schiedsgerichts zur Auslegung des Dawes-Plans und später des Young-Plans wird. Mit dem Beginn des NS-Regimes 1933 stellt die institutseigene Zeitschrift *Europäische Gespräche* ihr Erscheinen ein.[72]

Die Neuregelung der deutschen Reparationslasten

Anfang November 1923 hatte die Reparationskommission den deutschen Antrag, die Zahlungsfähigkeit zu prüfen, angenommen. Am 23. November 1923 trifft die Kommission in Berlin ein. Die aufgenommenen Verhandlungen dauern bis zum 29. November. Einen Tag später, also am 30. November 1923, beschließt die Reparationskommission, zwei internationale Sachverständigengremien mit weiteren Untersuchungen zu beauftragen. Das Sachverständigen-Komitee I unter Vorsitz des Amerikaners Charles Gate Dawes erhält den Auftrag, die Möglichkeiten der Stabilisierung des deutschen Haushalts und der deutschen Währung zu untersuchen. Dem II. Komitee von Reginald McKenna soll es obliegen, die Höhe des deutschen Vermögens, das während der Inflationsjahre durch „Kapitalflucht“ ins Ausland verbracht worden war, festzustellen und Maßnahmen zur Zurückführung vorzuschlagen. An beiden Sachverständigenkomitees sind keine deutschen Mitglieder beteiligt. Die Berufung der beiden Komitees entspricht allerdings den deutschen Vorstellungen. Erst drei Monate später werden die Gutachten erstattet.

Ein harter Währungsschnitt ist zugleich Voraussetzung für die nach dem Ende der Ruhrbesetzung von Reichskanzler Gustav Stresemann anvisierten Verhandlungen mit den Siegermächten des Ersten Weltkrieges über die deutschen Reparationen. Bereits am 15. November 1923 beginnt die „Rentenbank", die bereits erwähnte Rentenmark als neues Zahlungsmittel herauszugeben. Reichsfinanzminister Hans Luther und Reichsbankpräsident Hjalmar Schacht gelingt es in den folgenden Monaten, den Kurs der neuen Währung durch die Einschränkung des Geldumlaufs und drastische Sparmaßnahmen im Haushalt stabil zu halten. Der Wiedergutmachungsausschuss knüpft an die Stabilisierung eine „neue" Zahlungspflicht. Dies entspricht den Vorstellungen von Melchior und wurde auch von Keynes gefordert, da nunmehr die Leistungsfähigkeit der Wirtschaft maßgebend sein soll. Die Rentenmark ist jedoch nur als Übergangslösung zur Überwindung der Inflation eingeführt worden. Am 30. August 1924 wird sie im Rahmen des Dawes-Plans von der Reichsmark abgelöst. Die neue

Währung ist durch Gold und wertbeständige Devisen gedeckt und soll dadurch die deutsche Währungsstabilität garantieren. Ein Teil des Direktoriums der Reichsbank besteht aus Vertretern der Siegermächte. Am 9. April 1924 erhält die Reparationskommission die Gutachten des Dawes- und McKenna-Ausschusses. Deren Inhalt ist weniger günstig, als die Reichsregierung erhofft hatte.[73] Die Reparationskommission sieht in den Gutachten gleichwohl „eine praktische Grundlage für die schnelle Lösung der Reparationsfrage". Sie sei geneigt, den beteiligten Regierungen die Gutachten zur Annahme zu empfehlen. Dem schließt sich die Reichsregierung in ihrer Note vom 16. April 1924 an. Auch im Mai 1924 betreibt die Reichsregierung internationale Verhandlungen mit dem Ziel einer Lösung der Reparationsfrage auf der Grundlage des Dawes-Gutachtens. Melchior gehörte zu den Männern, die 1924 die Verhandlungen über den Dawes-Plan führen. Viele Bestimmungen sind von ihm angeregt worden.[74] Von dem Vertrauen der Reichsregierung getragen, wird er wiederum zum Vertreter Deutschlands bestellt. Ende Juli 1924 steht fest, dass sich der englisch-amerikanische Vorschlag, eine deutsche Delegation zur Teilnahme an der Hauptkonferenz in London einzuladen, durchsetzen wird.

Der Dawes-Plan

Am 2. August 1924 richtet die Interalliierte Konferenz an die Reichsregierung die Einladung, Vertreter zu entsenden, um „mit der Konferenz das beste Verfahren zur Inkraftsetzung des von den Alliierten wie von Deutschland angenommenen Dawes-Berichtes zu erörtern". Diese Formulierung schränkt den Verhandlungsspielraum der deutschen Seite ein, da diese auf das „Verfahren" des Vollzuges beschränkt wird. Die deutsche Delegation, geführt vom Reichskanzler, ist vom 5. bis 16. August 1924 auf der Konferenz in London anwesend. Die eigentliche Reparationsfrage und die mit ihr im Zusammenhang stehenden wirtschaftlichen, finanziellen und organisatorischen Probleme stehen in der Londoner Konferenz nicht erneut zur Verhandlung. Sie gelten durch das Gutachten von Dawes als entschieden.[75]

Der Dawes-Plan vom 16. August 1924 regelt die Reparationszahlungen Deutschlands an die Siegermächte des Ersten Weltkrieges.[76] Es handelt sich um einen Finanzierungsplan, der die Reparationszahlungen ausschließlich von der wirtschaftlichen Leistungsfähigkeit des Deutschen Reichs abhängig machen soll – erneut eine umgesetzte Forderung Melchiors. Zugleich wird eine internationale Anleihe aufgelegt, auf

deren Basisdeckung Kredite an die deutsche Wirtschaft vergeben werden können.
Auf der Londoner Konferenz wird Deutschland zum ersten Mal nach dem Ersten Weltkrieg wieder als gleichberechtigtes Mitglied einer internationalen Konferenz akzeptiert. Es reisen Reichskanzler Wilhelm Marx, Außenminister Gustav Stresemann und Finanzminister Hans Luther sowie der Reichsbankpräsident Hjalmar Schacht nach London. Der Vorsitzende der Reparationskommission und der Reichskanzler unterzeichnen am 9. August 1924 eine Vereinbarung über die Zahlungsmodalitäten. Ergänzend kommt es am 30. August 1924 zu einem Abkommen zwischen der alliierten Seite und Deutschland.
Die Umsetzung des Dawes-Plans wird durch die Beendigung der deutschen Inflation und dank der Währungsreform möglich – auch dies hatte Melchior gefordert. Durch die Anpassung der jährlichen Reparationszahlungen an die Wirtschaftskraft gelingt die ökonomische und politische Stabilisierung der Weimarer Republik. Damit ist Deutschland bis auf Weiteres in der Lage, die Reparationen zu zahlen.[77] Denn Deutschland wird zugestanden, eine auf 800 Millionen Goldmark ausgewiesene Anleihe (Dawes-Anleihe) zu erheben. Der Dawes-Plan ist einer der ersten außenpolitischen Erfolge Deutschlands nach dem Ersten Weltkrieg.[78] Der Plan bedeutete zugleich

die außenpolitische Rückkehr der USA nach Europa. Eine jährliche Leistung wird auf ca. eine Milliarde und ab 1928 auf 2,5 Milliarden Reichsmark als „Normalhöhe" festgelegt. Die Siegermächte können damit ihre Kriegskredite an die USA zurückzahlen. 55 Prozent der Reparationen sollen in Geld, der Rest in Sachleistungen erbracht werden. Die Gesamthöhe der Reparationszahlungen, die am 5. Mai 1921 auf der Londoner Konferenz auf 132 Milliarden Goldmark, zahlbar in 57 Jahren, festgesetzt worden war, wird allerdings nicht verringert, da diese Zahl vor allem für Frankreich auch eine symbolische Bedeutung hat. Da sich Frankreich jedoch Anfang 1924 in einer Finanzkrise befindet und durch einen Kredit von J. P. Morgan gestützt werden muss, ist man dort weitgehend kompromissbereit.

Um die Zahlungen sicherzustellen, werden die Reichsbahn und die Reichsbank unter internationale Kontrolle gestellt. Obwohl der Dawes-Plan wegen der deutschen Souveränitätsbeschränkungen von der politischen Rechten im Deutschen Reich heftig kritisiert wird, stimmt am 29. August 1924 der Reichstag dem Plan zu. Ausschlaggebend für das Abstimmungsverhalten sind neben ökonomischen Erwägungen das im Rahmen des Dawes-Plans von Frankreich zugesagte Ende der Ruhrbesetzung innerhalb eines Jahres. Die mit dem Dawes-Plan verbundenen ausländischen

Abb. 6: Plakat zum Volksbegehren gegen den Young-Plan, Oktober 1929

Kredite und Investitionen leiten in der Weimarer Republik eine konjunkturelle Belebung und eine Periode des wirtschaftlichen Aufschwungs ein. Die sogenannten Goldenen Zwanziger Jahre beginnen. Seit dem Frühjahr 1925 herrscht ein wirtschaftlicher Boom. Allerdings ist die Arbeitslosigkeit nach wie vor hoch und die deutsche Wirtschaft gerät in die Abhängigkeit amerikanischer Devisen.
Charles Dawes, der der alliierten Reparationskommission angehört, erhält für seinen Plan 1925 den Friedensnobelpreis. Dies hat er auch dem Einsatz von Außenminister Gustav Stresemann zu verdanken.
Am 5. Mai 1925 beginnt dann die siebenjährige Amtszeit des neuen Reichspräsidenten Paul von Hindenburg.

Antisemitische Anfeindungen

Während die internationalen Verhandlungen laufen, sind Max Warburg und Carl Melchior vielfach und wiederholt antisemitischer Hetze ausgesetzt – insbesondere durch den Publizisten, Verleger und Politiker Theodor Fritsch (1852–1933). Fritsch war Gründer des Reichshammerbundes und des Germanenordens, später Mitbegründer des Deutschvölkischen Schutz- und Trutzbundes. Er gilt als ein geistiger Wegbereiter des Nationalsozialismus. Im Mai 1923 behauptete Fritsch in der von ihm verlegten Zeitschrift *Hammer*, die „Leiter" des Bankhauses Max M. Warburg hätten während des Ersten Weltkrieges und nach dessen Ende fortgesetzt Handlungen zum Schaden des Deutschen Reiches begangen. Melchior und Warburg strengten gemeinsam einen Verleumdungsprozess gegen Fritsch an. Das Schöffengericht Hamburg verurteilte Fritsch Anfang Dezember 1924 zu drei Monaten Gefängnis.[79] Der Verurteilte habe keinen Beweis für seine Behauptung erbringen können. Im Berufungsverfahren erkennt das Landgericht auf eine Geldstrafe von 1000 Reichsmark. Die Berufung von Warburg und Melchior, mit der eine höhere Strafe erreicht werden sollte, hat demnach keinen Erfolg. „Mr. Warburg declared in court that he was proud of being a Jew. [...] The Jewish religion is the most beautiful set of moral

teachings. It gave to Christianity the idea of loving one's neighbor, he declared."[80]
1926 veröffentlichte Fritsch eine weitere Hetzschrift in seinem Verlag mit dem Titel „Die wahre Natur des Judentums".

Deutschlands Aufnahme in den Völkerbund – Melchior als Mitglied des Finanzausschusses

Im Zuge der durch den Dawes-Plan bewirkten Verbesserung des politischen Klimas tagen vom 5. bis 16. Oktober 1925 in Locarno die Regierungschefs und Außenminister Belgiens, Deutschlands, Frankreichs, Großbritanniens, Italiens, Polens und der Tschechoslowakei, um ein Abkommen zur Stabilisierung des Friedens in Europa zu schließen. In einem „Garantiepakt" erklären Belgien, Deutschland und Frankreich sowie England und Italien (diese als Garantiemächte) die deutsche Westgrenze für „unverletzlich". Damit ist Deutschland künftig gegen territoriale Sanktionen geschützt. Des Weiteren einigt sich Deutschland gemeinsam mit Polen und der Tschechoslowakei auf friedliche Dialoge bei Streitigkeiten. Die Locarno-Verträge sind weitgehend das Werk der Außenminister Deutschlands und Frankreichs, also von Gustav Stresemann und – zu dieser Zeit – auch

Aristide Briand. England ist durch Austen Chamberlain vertreten. Ein wichtiges, aber informelles, vorbereitendes Gespräch wird zwischen Reichskanzler Hans Luther und Briand am 7. Oktober 1925 in Ascona geführt. In dem Schlussprotokoll bekennen sich die sieben Unterzeichnerstaaten zu dem Ziel, „gemeinsam die Mittel zum Schutze der Völker vor der Geißel des Krieges zu suchen und für die friedliche Regelung von Schwierigkeiten jeglicher Art“ zu sorgen.

Die Verträge von Locarno werden am 1. Dezember 1925 in London unterzeichnet und treten am 10. September 1926 in Kraft. Damit hat Außenminister Stresemann sein Ziel, die internationale Isolation Deutschlands zu durchbrechen, weitgehend erreicht. Deutschland verzichtet auf das Gebiet Elsass-Lothringen, während Frankreich die Entmilitarisierung des Rheinlandes als Handlungsziel akzeptiert. Die Westmächte reduzieren in der Folgezeit ihre strenge Überwachung der militärischen Abrüstung Deutschlands.[81] Zum 31. Januar 1926 wird die Kölner Besatzungszone geräumt. Allerdings erhöhen Frankreich und Belgien gleichzeitig die Stärke ihrer Besatzungstruppen in den beiden anderen Besatzungszonen. Der hiergegen gerichtete deutsche Protest bleibt erfolglos.

Die europäischen Siegermächte des Ersten Weltkrieges versuchen, mithilfe der Verträge von Locarno die

Beziehungen zum Verlierer Deutschland zu normalisieren. Nach Inkrafttreten der Verträge wird Deutschland am 8. September 1926 in den Völkerbund aufgenommen. Bereits am 10. Februar 1926 hatte Deutschland ein entsprechendes Gesuch gestellt.[82] Auf der Frühjahrstagung des Völkerbundes konnte noch keine Verständigung über die Aufnahme erreicht werden. Die Westmächte versuchen, die Zusage, Deutschland einen Sitz im Völkerbundsrat einzuräumen, durch eine allgemeine Erweiterung des Völkerbundsrates zu entwerten. Reichskanzler Luther machte diesen Vorgang am 2. März 1926 zum Gegenstand einer Rede in Hamburg. Ökonomische Gründe haben bei der Rede eine erhebliche Bedeutung. Eine friedliche Entwicklung in Europa sei die Voraussetzung für den Erhalt von wichtigen Krediten aus den USA. Im Laufe der kommenden Monate verständigt man sich.

Melchior wird noch 1926 deutsches Mitglied des Finanzausschusses (Finanzkomitee/Finanzkommission) des Völkerbundes. Auf der Herbsttagung des Völkerbundes am 19. September 1928 wird er Vorsitzender des Finanzausschusses des Völkerbundes werden, des seinerzeit wichtigsten Gremiums. Melchior ist jetzt 57 Jahre alt. Er darf die Berufung zum Ausschussvorsitzenden auch als persönliche Anerkennung unter seinen internationalen Kollegen sehen.

Die Fortsetzung der Verhandlungen: Der Young-Plan

Am 1. April 1928 hält der französische Ministerpräsident Poincaré eine Rede, die internationales Aufsehen erregt. In ihr wirbt er mit warmen Worten für eine Zusammenarbeit mit Deutschland.[83] Das ist für die deutsche Seite durchaus überraschend.[84] Zwischen Belgien, Deutschland, Frankreich, Großbritannien, Italien und Japan kommt es in Genf nun zu der Verständigung, dass ein Ausschuss einzusetzen sei „über die Notwendigkeit, das Reparationsproblem vollständig und endgültig zu regeln und zu diesem Zweck eine Kommission von Finanzsachverständigen der sechs Regierungen einzusetzen“. Dieser Ausschuss soll aus unabhängigen Sachverständigen bestehen, die internationales Ansehen und Autorität in ihrem eigenen Lande genießen und an keinerlei Instruktionen ihrer Regierungen gebunden sein sollen. Der Ausschuss soll Vorschläge für eine vollständige und endgültige Regelung des Reparationsproblems ausarbeiten und den sechs an dem Genfer Beschluss beteiligten Regierungen Bericht erstatten.

Am 27. August 1928 kommt es zunächst in Paris zur Unterzeichnung des Vertrages über den Kriegsverzicht. Die unterzeichnenden Staaten, Deutschland und die Sowjetunion, die beiden Geächteten der

Weltpolitik, verzichten erneut darauf, den Krieg zum Werkzeug ihrer Politik zu machen. Sie erklären, in Zukunft Streitigkeiten friedlich lösen zu wollen. Insbesondere der aus nationalen Interessen geführte Angriffskrieg wird für völkerrechtswidrig erklärt. Die elf Erstunterzeichner sind Australien, Deutschland, Großbritannien, Indien, der Freistaat Irland, Italien, Kanada, Neuseeland, die Tschechoslowakei, die Südafrikanische Union und die USA. Vier weitere Staaten unterzeichnen den Vertrag noch vor der Proklamation: Belgien, Frankreich und Polen im März 1929 und das Kaiserreich Japan im April 1929. Treibende Kräfte sind der US-Außenminister Frank Billings Kellogg und der französische Außenminister Aristide Briand.[85]

Für die Außenpolitik der USA bedeutete der Pakt zusammen mit dem Dawes-Plan ein Ende der Isolationspolitik, die das Land 1920 mit seiner Weigerung, den Versailler Vertrag zu ratifizieren und dem Völkerbund beizutreten, eingeschlagen hatte. Durch den Briand-Kellogg-Pakt stehen die Kernfragen des deutschen Verhältnisses zu den alliierten Mächten – die Reparations- und Rheinlandfrage – in einem neuen Zusammenhang. Das ergibt auch ein Gespräch von Gustav Stresemann und Raymond Poincaré. Am 22. Dezember 1928 verständigen sich die sechs Regierungen von Belgien, Deutschland, Frankreich,

Großbritannien, Italien und Japan sowie der USA, für die von Deutschland geforderte Einsetzung einer Sachverständigenkommission für die endgültige Regelung der Reparationsfrage einzutreten. Die deutsche Regierung entsendet am 9. Januar 1929 als Hauptdelegierten den Reichsbankpräsidenten Dr. Hjalmar Schacht und den Generaldirektor Dr. Albert Vögler (1877–1945 [Suizid]), der zunächst Mitbegründer und Reichstagsabgeordneter der DVP und später Angehöriger der Industriellen-Interessenvereinigung „Ruhrlade" war. Ersatzdelegierte sind Carl Melchior und Geheimrat Ludwig Kastl (1878–1969) vom Reichsverband der deutschen Industrie.[86] Die Reparationskommission benennt als Hauptdelegierte Emile Moreau (Frankreich) und Sir Josiah Stamp (England). Wenig später beruft die Kommission unter deutscher Zustimmung zusätzlich die amerikanischen Sachverständigen Owen D. Young und John Pierpont Morgan in den Ausschuss. Schacht und Melchior, der die Politik der Reichsregierung verteidigt, haben andauernden Streit.[87] Wo Schacht aufbraust, bewahrt Melchior Ruhe und führt inoffizielle Gespräche mit der Gegenseite. Am 11. Februar 1929 treten 14 Experten unter dem Vorsitz des Amerikaners Owen Young in Paris zusammen, um über Fragen der Reparationskosten zu beraten.[88] Der Auftrag lautet, eine vollständige und endgültige Regelung auszuarbeiten.

Hauptgegenstand der Beratungen sind die deutsche Wirtschaftslage und die künftige deutsche Zahlungsfähigkeit.[89] Die angebliche Unabhängigkeit der benannten Experten erwies sich rasch als eine Farce, wie Ludwig Kastl später schrieb.[90]

Die Auffassungen der Gläubigerseite und die der deutschen Seite stehen in einem krassen Gegensatz zueinander. Das dem Ausschuss vorgelegte Memorandum der Gläubigerseite forderte zunächst deutsche Jahresleistungen für insgesamt 59 Jahre. Dessen Gegenwert soll sich auf 37,3 Milliarden Goldmark belaufen. Das deutsche Memorandum lehnt dies ab. Es bietet stattdessen gleichmäßige Annuitäten von 1,65 Milliarden Goldmark für insgesamt 37 Jahre an.

Aufgrund dieser Diskrepanz droht ein Abbruch der Verhandlungen. Das entsprach auch den Vorstellungen von Schacht. Es wurde sich indes darauf beschränkt, die Verhandlungen zu vertagen. Bei der Wiederaufnahme der Verhandlungen schlägt Owen D. Young einen Kompromiss vor. Falls es nicht anders umsetzbar ist, sollen die deutschen Zahlungen aus dem Gewinn der geplanten „Bank für Internationalen Zahlungsausgleich“ (BIZ) beglichen werden. Die zu errichtende Bank ist zunächst als Reparationsagent und Treuhänder der deutschen Reparationsanleihen gedacht. Dieser Vorschlag findet jedoch weder die Zustimmung der französischen noch, zunächst, der deutschen Seite. Auch ein weiterer Kompromissvorschlag von Young setzt sich nicht durch. Inzwischen ist der deutsche Hauptdelegierte Albert Vögler zurückgetreten und durch seinen Vertreter Ludwig Kastl ersetzt worden.[91] Vögler hatte am 23. Mai 1929 die Zustimmung zum Plan verweigert. Er verlässt die Delegation, da er die Zahlungsforderungen an das Deutsche Reich für wirtschaftlich untragbar hält. Der Zweckpessimismus von Schacht konnte sich jedoch nicht durchsetzen. Wie Ludwig Kastl und auch Melchior ist die Mehrheit der Reichsminister dafür, nachzugeben.

Auf der Pariser Konferenz erleidet Melchior während einer hitzigen Debatte einen Kollaps, wahrscheinlich einen Herzanfall. Am 24. Mai 1929 stimmt Deutschland dem nochmals geänderten Zahlungsplan zu. Der Plan sieht 58 deutsche Jahreszahlungen vor, beginnend am 1. September 1929, endend am 31. März 1987. Die Annuitäten sollen eine unterschiedliche Höhe haben. Beim Eintritt außergewöhnlicher Umstände sind Sonderregelungen vorgesehen. Die im Dawes-Plan eingeführten wirtschaftlichen und finanziellen Kontrollen sollen dagegen fast vollständig entfallen.

Am 7. Juni 1929 unterzeichnen die Sachverständigen den „Young-Bericht".[92] Er geht den beteiligten Regierungen und der Reparationskommission als Empfehlung für eine an die Stelle des Dawes-Plans von 1924 zu setzende Neuregelung zu. Der Bericht entspricht recht genau der Absprache zwischen Winston Churchill und Poincaré vom Herbst 1928. Unter den hauptbeteiligten Mächten besteht Einverständnis über den untrennbaren Zusammenhang zwischen der Neuregelung der zu zahlenden Reparationen und der Frage der Rheinlandräumung. Nach der Konferenz erleidet Melchior erneut einen Zusammenbruch. Obwohl ihn seine Ärzte auf die großen gesundheitlichen Risiken seines Arbeitspensums hinweisen, beschäftigt sich Melchior weiterhin unermüdlich mit der Frage der Reparationen.

Die Haager Konferenzen

Der „Young-Bericht", an dem auch Melchior maßgebend mitgewirkt hat, wird den beteiligten Regierungen und der Reparationskommission zugestellt. Der Sache nach ist er eine Empfehlung für eine an die Stelle des Dawes-Plans von 1924 zu setzende Neuregelung der Versailler Reparationen, also ein neuer Zahlungsplan. Der Bericht senkt die jährliche deutsche Reparationslast und beendet die ausländische Kontrolle über die Reichsbahn und die Reichsbank. Er bedarf noch der Umsetzung in einen völkerrechtlichen Vertrag. Zudem war die Frage der

Rheinlandräumung noch näher zu erörtern. Das geschieht am 6. August 1929 in der Ersten Haager Konferenz. Am 18. und 21. Juni 1929 hatten die deutsche und die französische Regierung dem Bericht formell zugestimmt.

Trotz der technischen Schwierigkeiten der Materie gelingt den Teilnehmern der Konferenz unter der faktischen Leitung des amerikanischen Botschafters in London, Charles Dawes, eine grundsätzliche Einigung in der Reparations- und Räumungsfrage, also des Endes der militärischen Besetzung des Rheinlandes. Denn weiterhin stehen Truppen der Siegermächte im Rheinland. Die deutsche Seite hat für die nächsten Jahrzehnte Zahlungszusagen gemacht, von denen sie allerdings intern annahm, dass sie nicht erfüllt werden können.[93] Die deutsche Seite wird durch Gustav Stresemann, die französische durch Aristide Briand vertreten, England durch Außenminister Arthur Henderson und Schatzkanzler Philip Snowden. Am 31. August 1929 erzielen sie eine Einigung.

Am 24. Oktober 1929 kommt es in New York zum Großen Crash, dem sogenannten Schwarzen Donnerstag, der der Tag des größten Aktienverkaufs in der US-Geschichte ist, und am 29. Oktober 1929, dem sogenannten Schwarzen Dienstag, handeln Anleger rund 16 Millionen Aktien an der Wall Street. Dieser Crash, der auf den Crash der Londoner Börse

im September 1929 folgt, signalisiert den Beginn der Weltwirtschaftskrise.
Gegen das Ergebnis der Ersten Haager Konferenz richtet sich in Deutschland ein Volksbegehren der Rechten, der DNVP und der NSDAP, durch den Antrag auf Zulassung des Volksbegehrens über den Entwurf eines „Gesetzes gegen die Versklavung des deutschen Volkes". Das Begehren erreicht zwar knapp die erforderliche Zahl von einem Zehntel der Zahl der Abstimmungsberechtigten. Der Reichstag lehnte allerdings jede inhaltliche Änderung in zwei Lesungen ab. Das entspricht dem Votum des Reichsaußenministers. Der anschließende Volksentscheid gegen den Young-Plan scheitert anschließend am 22. Dezember 1929 an dem Fehlen der erforderlichen Stimmenmehrheit. Die Gegner des „Freiheitsgesetzes" hatten ihren Anhängern aus taktischen Gründen die Stimmenthaltung empfohlen. Das ist erfolgreich, um den Volksentscheid bereits durch die Nichtteilnahme von mehr als der Hälfte der Stimmberechtigten zu Fall zu bringen. Das Wahlprüfungsgericht beim Reichstag entscheidet im gleichen Sinn.[94]
Am 3. Dezember 1929 verstirbt Gustav Stresemann an einem Schlaganfall. Sein Ziel war es, die außenpolitische Isolation Deutschlands zu beenden und eine friedliche Revision des Versailler Vertrages zu erreichen. Seit 1928 war Stresemann aufgrund der

hektischen Regierungsgeschäfte gesundheitlich stark angeschlagen.
Die kritische deutsche Finanzlage im Jahr 1929 ist am 4. Dezember 1929 Gegenstand einer Erörterung zwischen Reichskanzler Hermann Müller und Reichsbankpräsident Schacht. Schacht wirft die Frage auf, ob gegenüber der Annahme des Young-Plans das Festhalten am Dawes-Plan vorzuziehen sei. Am Abend des 5. Dezember 1929 überreicht Schacht dem Reichskanzler ein Memorandum zum Young-Plan. Es wird gleichzeitig der Öffentlichkeit übergeben. Das Reichskabinett gerät durch das Memorandum in schwere Bedrängnis. Es wird mit einem vorgelegten Finanzprogramm, das es mit der Vertrauensfrage verbindet, die Krise parlamentarisch nur mit Mühe meistern können. Gleichwohl erklären Reichsfinanzminister Rudolf Hilferding am 20. Dezember 1929, sein Staatssekretär Johannes Popitz einen Tag zuvor, ihren Rücktritt. Neuer Reichsfinanzminister wird Paul Moldenhauer (1876–1947), neuer Staatssekretär am 28. Dezember 1929 Hans Schäffer (1886–1967). Während seiner Amtszeit macht sich Schäffer einen Namen als führender deutscher Finanzsachverständiger. Er nimmt – wie auch Melchior – an den internationalen Reparationskonferenzen teil. Im Frühjahr 1932 tritt er im Streit um die Biersteuer zurück. Sein ausführliches Tagebuch aus seiner Zeit als Staatssekretär,

das auf der Grundlage von während Kabinettssitzungen und anderer wichtiger Beratungen angefertigter stenografischer Notizen entstand, ist eine wichtige Quelle für die Ära Brüning. Über Melchior berichtete Schäffer 1967 ausführlich.[95]

Am 3. Januar 1930 tritt die Zweite Haager Konferenz zur Verabschiedung des Young-Plans zusammen. Gegen Ende der Konferenz, am 13. Januar 1930, erklärt Schacht auf einer Sitzung des Gründungskomitees der „Bank für Internationalen Zahlungsausgleich" (BIZ), die deutsche Reichsbank müsse ihre Beteiligung von drei Bedingungen abhängig machen, und zwar erstens von der unveränderten Annahme des Young-Plans, zweitens von der Überprüfung des deutsch-englischen und des deutsch-polnischen Liquidationsabkommens und drittens von dem Verzicht der Gläubigermächte auf politische oder militärische Sanktionen gegen Deutschland. Diese Erklärung löst eine schwere Krise aus. Die Nichtbeteiligung der Reichsbank würde die Abwicklung der im Young-Plan vereinbarten Zahlungen ausschließen. Melchior trägt nun die Last, in vielen Gesprächen das Scheitern der Zweiten Haager Konferenz zu verhindern.

Am 25. Januar 1930 dankt Reichskanzler Hermann Müller (1876–1931) Melchior in einem Brief, in dem er ihn zudem bittet, bei Bedarf wieder auf ihn zählen zu dürfen: „Nach Abschluß der Haager Verhandlungen

ist es mir ein aufrichtiges Bedürfnis, Ihnen für die verdienstvolle Unterstützung zu danken, die Sie der deutschen Delegation durch Rat und Tat in den schwierigen Reparationsverhandlungen und namentlich in der Frage der Mobilisierung gewährt haben."
Am 5. Februar 1930 bringt die Reichsregierung im Reichstag den Entwurf des „Gesetzes über die Haager Konferenz 1929/30" ein. Kernstück der Vorlage bildet das Abkommen vom 20. Januar 1930 über die Annahme des Young-Plans und der zugeordnete Notenwechsel. Besonders umstritten ist das deutsch-polnische Liquidationsabkommen. Die erste Lesung erstreckt sich auf drei ganze Tage. Die Reichsregierung muss einräumen, dass die erstrebte Minderung der Reparationslasten nur unvollkommen gelungen sei. Der Kernpunkt der parlamentarischen Auseinandersetzung beruht auf der Frage, ob die deutsche Wirtschaft nach vernünftigen Vorausberechnungen in der Lage sein werde, die vorgesehenen Jahresleistungen für die Vertragszeit von etwa zwei Generationen aufzubringen. Heinrich Brüning, Vorsitzender der Zentrums-Fraktion, sagt unumwunden, dass „wohl niemand die im Young-Plan festgesetzten Leistungen für dauernd erfüllbar halten" könne.[96]
Außerdem hält Schacht am 6. März 1930 einen Vortrag über die Haager Ergebnisse beim Reichspräsidenten Paul von Hindenburg. Dieser schreibt daraufhin an

den Reichskanzler, es sei nötig, Schachts Forderungen, die Reichsregierung müsste weitere strikte Sparmaßnahmen verhängen, vor Verabschiedung des zustimmenden Gesetzes zu widerlegen. Dazu kommt es nicht, da Schacht am folgenden Tag, dem 7. März 1930, seinen Rücktritt vom Amt des Reichsbankpräsidenten erklärt.[97] Drei Jahre später, am 17. März 1933, macht Reichskanzler Adolf Hitler Schacht erneut zum Präsidenten der Reichsbank, der in dieser Position maßgeblich die massive Aufrüstung der Wehrmacht im NS-Staat ermöglichte. Der Generalrat der Reichsbank wählt nach Schachts Rücktritt am 11. März 1930 den ehemaligen Reichskanzler Hans Luther zum neuen Präsidenten.[98] Als Nachfolger waren Melchior und Luther im Gespräch gewesen. Carl Severing (SPD) meinte, der neue Präsident der Reichsbank dürfe weder Jude noch Sozialdemokrat sein. Damit war die Kandidatur von Melchior „erledigt". Melchior selbst hatte eine Kandidatur für sich längst ausgeschlossen.[99]

Am 12. März 1930 vollzieht der Reichspräsident die Ernennung des neuen Reichsbankpräsidenten. Die zweite Lesung über die Haager Verträge fand in der Zeit vom 6. bis zum 11. März 1930 statt, die dritte am 12. März 1930. Die Schlussabstimmung ergibt eine eindeutige Mehrheit für den Young-Plan. Der Reichspräsident unterzeichnete das Gesetz am 18. März

1930. Es tritt erst am 17. Mai 1930 nach Austausch der Ratifikationsurkunden in Kraft, also nach dem Ende der Großen Koalition unter Reichskanzler Hermann Müller.

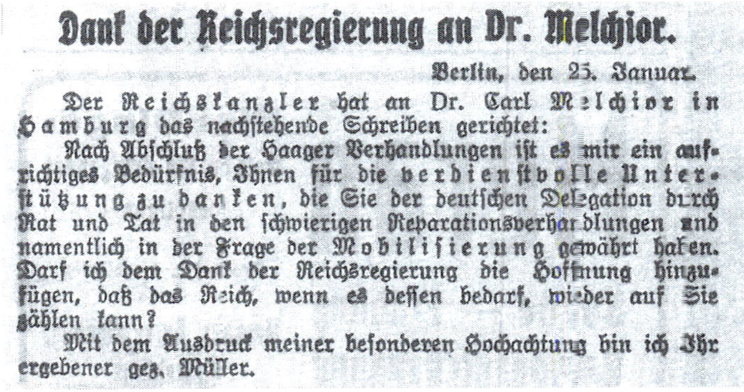

Dank der Reichsregierung an Dr. Melchior.

Berlin, den 25. Januar.

Der Reichskanzler hat an Dr. Carl Melchior in Hamburg das nachstehende Schreiben gerichtet:

Nach Abschluß der Haager Verhandlungen ist es mir ein aufrichtiges Bedürfnis, Ihnen für die verdienstvolle Unterstützung zu danken, die Sie der deutschen Delegation durch Rat und Tat in den schwierigen Reparationsverhandlungen und namentlich in der Frage der Mobilisierung gewährt haben. Darf ich dem Dank der Reichsregierung die Hoffnung hinzufügen, daß das Reich, wenn es dessen bedarf, wieder auf Sie zählen kann?

Mit dem Ausdruck meiner besonderen Hochachtung bin ich Ihr ergebener gez. Müller.

Abb. 7: „Dank der Reichsregierung“,
Meldung der *Hamburger Nachrichten* am 26. Januar 1930

Neue Aufgaben: als Experte in der Bank für Internationalen Zahlungsausgleich

Die positiven Ergebnisse des verabschiedeten Young-Plans führen schnell zu Verbesserungen. Nach der Ratifikation der Haager Vereinbarungen entfällt das ganze System der durch den Dawes-Plan geschaffenen internationalen Kontrollen in Deutschland.[100] Die ausländischen Mitglieder scheiden aus dem Generalrat der Reichsbank und aus dem Verwaltungsrat der Reichsbahngesellschaft aus. Damit kehren die beiden großen Reichsanstalten unter die ausschließlich deutsche Hoheitsgewalt zurück. Die deutsche Kriegslastenkommission stellt daraufhin am 2. Juni 1930 ihre Tätigkeit ein. Die „Bank für deutsche Industrieobligationen", die aufgrund des Dawes-Plans mit dem Zweck, die deutsche Aufbringungsumlage zu erheben, geschaffen wurde, beendete ihre Tätigkeit. Das Ende der Besetzung des Rheinlandes tritt in den ersten Monaten der neuen Regierung unter Reichskanzler Brüning ein. Am 1. Juli 1930 räumen die alliierten Truppen nach fast zwölfjähriger Besatzungszeit das Rheinland. Zugleich stellt die Interalliierte Rheinlandkommission ihre Tätigkeit ein.

Am 4. April 1930 gibt Melchior in einem Schreiben, gerichtet an den Generalsekretär des Völkerbundes, Sir Eric Drummond, seinen Vorsitz im Finanzausschuss

des Völkerbundes auf. Er wird stattdessen stellvertretender Vorsitzender des Verwaltungsrates der „Bank für Internationalen Zahlungsausgleich“ (BIZ) in Basel.[101] Sein Nachfolger im Finanzausschuss des Völkerbundes wird Paul H. Kempner (1889–1956) vom Berliner Bankhaus Mendelssohn & Co.
Die BIZ ist Teil des Young-Plans. Ihre Aufgabe ist es, Reparationszahlungen zu bündeln und zu verteilen. Die Bank soll also als „Zentralbank“ fungieren. Im Oktober 1929 tritt eine Expertenkommission in Baden-Baden zusammen, um das neue Finanzinstitut zu gründen. Dem Komitee gehören unter anderen der Teilhaber des Hamburger Bankhauses Max M. Warburg & Co, Carl Melchior sowie der amerikanische Bankier J. P. Morgan Jr. und sein Teilhaber Thomas W. Lamont an. Leiter der deutschen Delegation ist der Reichsbankpräsident Hjalmar Schacht, der auch schon dem Young-Komitee angehört hatte.
Die „Bank für Internationalen Zahlungsausgleich“ (BIZ) wird formell am 17. Mai 1930 im Rahmen einer Neuregelung der deutschen Reparationsverpflichtungen gegründet. Sie ist damit die weltweit älteste internationale Finanzorganisation. Die BIZ gilt als „Bank der Zentralbanken“ und hat wichtige Funktionen bei deren Kooperationen untereinander und mit anderen Institutionen aus dem Finanzbereich wahrzunehmen. Die Idee zu einer solchen Kooperationsstelle der

nationalen Zentralbanken hatte der Gouverneur der Bank von England, Montagu Norman, bereits 1925 entwickelt. Deutschland hat seine Annuitäten an die neu geschaffene Bank zu überweisen, die sie an verschiedene Reparationsgläubiger verteilt. Außerdem soll die Bank die Kooperation der Zentralbanken stärken, den Welthandel und den internationalen Kapitalaustausch fördern und die Wechselkurse stabilisieren. Young hoffte im Juni 1929, die Bank würde die „Maschinerie des weltweiten Kapitalismus schmieren" und so die Ausbreitung des Bolschewismus verhindern.[102] Bereits 1931, mit Einstellung der deutschen Reparationen aufgrund der Weltwirtschaftskrise, entfällt die eigentliche Aufgabe der BIZ, nämlich die Sicherstellung der Reparationszahlungen an die Siegermächte des Ersten Weltkrieges zu gewährleisten. Gleichwohl setzt sich die Bank durch. Im Juni 1931 haben bereits 24 nationale Zentralbanken Kapital bei der BIZ gezeichnet. In der BIZ sind neben den Zentralbanken vor allem *die* führenden Geldinstitute der Wall Street vertreten, die ein starkes Interesse an Geschäften mit Deutschland haben.

Auszeichnungen und Ehrungen

Die liberale *Vossische Zeitung* bezeichnet Melchior 1930 als „eine der sympathischsten Erscheinungen Nachkriegsdeutschlands". Am 26. August 1930 erhält Melchior eine der höchsten Auszeichnungen der Freien und Hansestadt Hamburg, die Bürgermeister-Stolten-Medaille, durch den Hamburger Senat überreicht. Am 13. Oktober 1930, zu seinem 60. Geburtstag, erreicht ihn ein Handschreiben des Reichspräsidenten von Hindenburg. Melchior erhält den Adlerschild des Deutschen Reiches, eine unter dem Reichspräsidenten Friedrich Ebert am 15. November 1922 gestiftete, nicht tragbare Auszeichnung. Es handelt sich um die höchste Ehrengabe während der Weimarer Republik. Zu seinem 60. Geburtstag erhält er zudem von der der Hamburger Rosenzweig-Gedächtnis-Stiftung eine Bibel, übersetzt von Martin Buber und Franz Rosenzweig.

1932 wird Melchior eine weitere Ehrung, die Walther-Rathenau-Medaille, erhalten, ein zwei Jahre zuvor geschaffener „Staatspreis". Zum Festakt trägt er seinen Vortrag „Das Ende der Reparationen" vor.[103]

Als Vertreter Deutschlands im Wiggin-Komitee

Ein Jahr nach dem Inkrafttreten des Young-Plans zeigt die deutsche Bankenkrise, dass das Deutsche Reich ganz und gar von der Kredithilfe des westlichen Auslands, insbesondere der USA, abhängig ist. Durch den Zusammenbruch deutscher Banken im Juli 1931 und dem massiven Abzug der Auslandsanleihen erreichen die Auswirkungen der Weltwirtschaftskrise für Deutschland eine neue Dimension. Zentral ist die Frage, wie eine vollständige Finanzkatastrophe zu verhindern ist. Reichskanzler Brüning entscheidet sich dafür, ein internationales Stillhalteabkommen mit allen Gläubigerländern erreichen zu wollen. Die finanziellen Belastungen der im Young-Plan festgelegten Reparationen übersteigen die Leistungsfähigkeit der deutschen Volkswirtschaft nunmehr erheblich. Erneut gibt der US-amerikanische Präsident Herbert Hoover den Lösungsweg vor und schlägt eine internationale Wirtschaftskonferenz vor. Der englische Premier James Ramsay MacDonald lädt in der Zeit vom 20. bis 23. Juli 1931 zu einer Sieben-Mächte-Konferenz nach London ein. An ihr sollen neben Deutschland die USA, Belgien, Frankreich, Großbritannien, Italien und Japan teilnehmen. Die deutschen Vertreter sind Reichskanzler Brüning und

Reichsaußenminister Julius Curtius. Melchior und der Direktor der IG Farben, Dr. Hermann Schmitz, nehmen als einzige Berater daran teil. Deutschland erklärt auf der Konferenz, es könne seinen Banken nicht erlauben, ihre kurzfristig aufgenommenen Schulden zurückzuzahlen.

Auf der Grundlage einer Vereinbarung der Londoner Konferenz tritt am 8. August 1931 in Basel ein internationaler Sachverständigenausschuss, das sogenannte Wiggin-Komitee, zusammen, und zwar als Sonderausschuss der BIZ. Sein Auftrag besteht darin, die deutsche Krisenlage genauer zu untersuchen.[104] Der unmittelbare Kreditbedarf Deutschlands soll also im Auftrag der Teilnehmer der Londoner Konferenz ermittelt werden.[105] Vorsitzender des Ausschusses ist der amerikanische Bankier Albert H. Wiggin (1868–1951). Zu den weiteren Mitgliedern gehören der Engländer Walter Th. Layton, der Franzose Émile Moreau und der Deutsche Carl Melchior, ferner je ein Vertreter Italiens, Japans, der Niederlande, Schwedens und der Schweiz. Generalsekretär wird der Deutsche Karl Blessing (1900–1971), der seit 1931 bei der BIZ tätig ist.

Melchior erhält von der Reichsregierung die Weisung, jeder Erörterung über das Verschulden Deutschlands an seiner gegenwärtigen Lage aus dem Wege zu gehen und, wenn möglich, einen mittelfristigen

Kredit für eine Diskontsenkung und die Entlastung der Wirtschaft und der öffentlichen Hand zu erreichen. Der vom Ausschuss am 18. August 1931 vorgelegte „Layton-Bericht“ empfiehlt die Fortsetzung der Stillhaltepolitik der international tätigen Banken und die Gewährung neuer langfristiger Kredite. Dieser Layton-Bericht ist im Inhalt und Wortlaut entscheidend von Melchior beeinflusst. Er beschreibt, dass die deutschen Bank- und Industrieschuldner nicht in der Lage seien, die Auslandsschulden vollumfänglich zum vorgegebenen Zeitpunkt zu bedienen. Der Bericht führt die deutsche Wirtschaftskrise auf den Abzug der kurzfristigen Kredite zurück und verlangt als erste Maßnahme erneut ein Stillhalteabkommen.[106] Die Deutschen sind mit dem Layton-Bericht inhaltlich sehr zufrieden.[107] Auf der Grundlage dieses Berichtes, dem Melchior ausdrücklich zustimmt,[108] kommt es am 19. August 1931 zu dem Basler Stillhalteabkommen. Das am 17. September 1931 in Kraft tretende Abkommen sichert die deutsche Finanzwirtschaft zunächst bis Mitte März 1932. Dann wird es um weitere zwölf Monate verlängert.

Mit der Dritten Notverordnung zur Sicherung von Wirtschaft und Finanzen vom 6. Oktober 1931 trifft der Reichspräsident tiefgreifende Krisenmaßnahmen. Ein rascher Erfolg bleibt zweifelhaft. Dem Argument, dass Deutschland an seiner Finanznot selbst schuld wäre, soll Melchior mit dem Hinweis auf die neue Notverordnung entgegentreten.[109] Wiederum wird Melchior mit vielfältigem Informationsmaterial versehen, damit er darlegen kann, dass sich die deutsche Handelsbilanz demnächst weiterhin rapide verschlechtern werde. Der Privatverschuldung gebühre Priorität vor den Reparationszahlungen.

Am 8. Dezember 1931 beginnt ein „Beratender Sonderausschuss" der BIZ (Beneduce-Ausschuss) in Basel mit seiner Arbeit unter dem Vorsitz des italienischen Professors Alberto Beneduce. Tatsächlich aber bestimmt der Engländer Sir Walter Layton den Ablauf der Verhandlungen. Der Ausschuss beruht auf einem Antrag Deutschlands vom 20. November 1931. An ihr nimmt von deutscher Seite nur Melchior als stellvertretender Vorsitzender des Verwaltungsrates der BIZ teil. Melchior, unterstützt durch den Ministerialdirektor im Reichsfinanzministerium Johann Ludwig Graf Schwerin von Krosigk, beabsichtigt, seine Kollegen mit einem Referat über Deutschlands Finanz- und Wirtschaftslage geneigt zu machen, auf die Zahlung von Reparationen in vollem Umfang zu verzichten.[110] Doch die Atmosphäre ist für dieses Anliegen kaum günstig. Am 23. Dezember 1931 erstattet der Ausschuss seinen Bericht über die erforderliche Neuregelung der Reparationsfrage.[111] Es wird die Zahlungsunfähigkeit Deutschlands festgestellt.[112] Die englische

Regierung lädt daraufhin die Gläubigerstaaten und Deutschland am 30. Dezember 1931 zu einer internationalen Konferenz nach Lausanne für den 18. Januar 1932 ein.
Reichskanzler Brüning, der seit 9. Oktober 1931 auch das Amt des Außenministers verwaltet, übernimmt die Leitung der deutschen Delegation für die Konferenz in Lausanne. Er hat allerdings ein Interesse daran, das Zusammentreten der Konferenz hinauszuzögern. Zum einen ist er in dieser Zeit mit Verhandlungen über die bevorstehende Wahl des Reichspräsidenten beschäftigt. Das erfordert – so sieht er es – seine dauernde Anwesenheit in Berlin. Zum anderen spricht für eine Verzögerung der Konferenz die Sache selbst. In einigen Monaten werde die dauernde Zahlungsunfähigkeit Deutschlands evident sein. Das werde die Notwendigkeit einer vollständigen Streichung der Reparationslasten allgemein erkennbar machen. Brünings Bemühungen um eine Verzögerung der Konferenz von Lausanne sind erfolgreich. Es besteht im Frühjahr 1932 von allen Seiten offenbar ein Konsens, sich reparationspolitisch einstweilen zurückzuhalten.
Die Arbeitslosigkeit erreicht in Deutschland im Februar 1932 ihren absoluten Höchststand von 6,2 Millionen Arbeitslosen.
Am 10. April 1932 wird Hindenburg im zweiten Wahlgang zum Reichspräsidenten gewählt. Er erreicht 53,1

Prozent der Stimmen, der Konkurrent Adolf Hitler 36,8 Prozent. In der Frage der Reparationslasten hatte Reichskanzler Brüning vor Beginn der Lausanner Konferenz keine wirklichen Fortschritte erreichen können. Unverändert blockiert das französische Nein jede umfassende Lösung.

Am 30. Mai 1932 erklärt Reichskanzler Brüning dem Reichspräsidenten von Hindenburg den Rücktritt des gesamten Kabinetts. Der entscheidende Grund ist das Versagen in den maßgebenden Politikbereichen. Nicht eine der Aufgaben, die Brüning sich selbst oder der Reichspräsident ihm gestellt hat, ist wirklich gelöst. Vor allem hängt Brüning aufgrund seiner Politik der Deflation fest. Seine Wirtschafts- und Finanzpolitik wurde und wird von vielen als Fehlschlag angesehen. Als sich 1932 keine Zeichen eines deutschen Aufschwungs ankündigen, gewinnt auch in Deutschland die gegen die klassische Nationalökonomie gerichtete Beschäftigungstheorie von John Maynard Keynes weiter an Boden.

Bereits am 1. Juli 1932 ernennt Reichspräsident von Hindenburg den nationalkonservativen Franz von Papen zum neuen Reichskanzler. Melchior beklagt den Sturz des Vorgängers ausdrücklich. Er missbilligt das Verhalten des mit den Stimmen der Mittelparteien und der Sozialdemokratie wiedergewählten Reichspräsidenten Paul von Hindenburg aufs Schärfste. Von

Papen vertritt auf wirtschaftlichem Gebiet noch die traditionellen Ideen des Wirtschaftsliberalismus, der die Überwindung einer wirtschaftlichen Krise wesentlich nur durch die Privatwirtschaft selbst für möglich hält und dem Staat eine nur indirekte Rolle zubilligt. Von daher entsprechen seine Wirtschaftsideen ganz der sozialen Interessenlage der industriellen Großunternehmer, die zu diesem Zeitpunkt glauben, mithilfe einer „antietatistischen" Position am besten durch die Jahre der Krise zu kommen. Die neue Regierung werde den Kampf um die Lebensmöglichkeiten der Deutschen unverzüglich aufnehmen, vor allem auf dem Felde der Außenpolitik, wo es gelte, „unserem Vaterlande endlich volle Gleichberechtigung" zu gewinnen, so heißt es in von Papens Regierungserklärung am 4. Juni 1932. Weiterhin ist auch die Frage der Fortdauer der Reparationslasten offen. Melchior wird gleichwohl auch der neuen Reichsregierung beratend zur Seite stehen. Der Young-Plan hatte eigentlich eine endgültige Lösung erreichen sollen. Dies hat sich zu Beginn der Wirtschaftskrise in Deutschland als undurchführbar erwiesen. Am 20. Juli 1932 organisiert Reichskanzler von Papen gegen die Landesregierung von Preußen einen Staatsstreich. Bei den Wahlen zum Reichstag am 31. Juli 1932 wird die NSDAP mit 37,3 Prozent der Stimmen die mit Abstand stärkste Partei. Die Zahl der Mandate steigt von 107 auf 230. Ein Großteil der Wähler der bürgerlichen Parteien sowie der verschiedenen Interessen- und Kleinparteien sind in das Lager der NSDAP gewechselt. Das Wahlergebnis entsetzt Melchior. Für ihn verhandeln jetzt achtbare Politiker mit Männern, die „Morde im gewöhnlichen Sinne des Strafgesetzbuches begangen haben und daher auch durch ein ordentliches Gericht zum Tode hätten verurteilt werden müssen".[113]

Als sachverständiger Experte bei der Konferenz von Lausanne

Im April 1932 bestimmen die beteiligten Staaten den Termin der Konferenz in Lausanne im Château d'Ouchy auf den 16. Juni 1932. Dem neuen Reichskanzler von Papen gelingt es in schwierigen Verhandlungen, die Konferenz zu einem für Deutschland erträglichen Ergebnis zu führen. Der deutschen Delegation, von Melchior vorbereitet und eingestimmt, kommt es nicht zuletzt aus innenpolitischen Gründen besonders auf die formelle Streichung von Reparationen an. Melchior bleibt auch hier ein „Mann im Hintergrund". Der neue Reichskanzler muss von Außenminister Konstantin von Neurath, dessen Staatssekretär Bernhard Wilhelm von Bülow, dem Finanzminister

Graf Schwerin von Krosigk und dem problemerfahrenen Melchior mehr als nur beratend instruiert werden. Die Konferenz ist hochkarätig besetzt. Die Leitung der Konferenz obliegt dem britischen Premier James Ramsay MacDonald, der darauf dringt, rasch eine vertrauensstiftende Lösung für die deutschen Reparationen zu finden. Die Erklärung des Reichskanzlers von Papen enthält das diplomatisch verhüllte Angebot einer deutschen Restzahlung unter der Vorbedingung, dass die im Versailler Vertrag enthaltene Benachteiligung Deutschlands beseitigt werde. Nach deutscher Lesart beinhaltet dies die Aufhebung der moralischen Ächtung durch den Kriegsschuldartikel 231. MacDonald kann die französische Seite offenbar von seiner These überzeugen, dass nur eine weitgehende Streichung der Reparationen das Vertrauen der Finanzmärkte wiederherstellen könne und so die Weltwirtschaftskrise überwunden werde. MacDonald wird später als Vater der Appeasement-Politik von Großbritannien angesehen, die nach Meinung einiger Forscher bereits vor Hitlers Machtantritt auf der Konferenz von Lausanne begonnen hat.
Im Sommer 1932 gelingt es Melchior bei der Konferenz von Lausanne, die Aufhebung der deutschen Reparationsleistungen abschließend zu verhandeln.[114]
In dem Vertrag wird die Weimarer Republik zu einer „Restzahlung" von drei Milliarden Goldmark als

Abschlusszahlung verpflichtet, zahlbar in fünfprozentigen Obligationen an die Bank für Internationalen Zahlungsausgleich in Basel.[115] Die Obligationen sind frühestens nach Ablauf von drei Jahren einlösbar, der Zinsertrag fällt den Gläubigermächten zu. Die Rückzahlungsverpflichtung für die aus Krediten zur Bedienung der Reparationsverpflichtungen gemäß dem Dawes-Plan und dem Young-Plan resultierenden deutschen Schulden bleibt davon unberührt. Das ist ein großer diplomatischer Erfolg, den allerdings Reichskanzler von Papen für sich verbuchen wird. Für Melchior ist das Konferenzergebnis auch ein persönlicher Erfolg: Er hat es erreicht, Deutschland jedenfalls finanziell von den „Fesseln" des Versailler Vertrages zu befreien, mögen auch der „Kriegsschuld"-Artikel 231 des Versailler Vertrages sowie die Bestimmungen zur Abrüstung formell bestehen bleiben. Das ließ die französische Seite sich nicht abhandeln. Der Vertrag von Lausanne soll erst in Kraft treten, sobald eine entsprechende Übereinkunft mit den USA über die interalliierten Kriegsschulden zustande gekommen ist. Das ist ein von Melchior arrangiertes „Gentleman's Agreement". Dazu kommt es indes nicht. Der Lausanner Konferenzvertrag wird aufgrund des Ausbleibens einer solchen Regelung von keinem der beteiligten Staaten ratifiziert. Das schließt seine Rechtswirksamkeit aus.

Dennoch bedeutete das Lausanner Vertragsdokument faktisch das Ende der Reparationsfrage. Deutschland zahlte die vereinbarte Restzahlung von drei Milliarden Goldmark nie. Die unterzeichnenden Staaten sind sich über die Unerfüllbarkeit der Vereinbarung einig. Und so wird am Ende des Vormittags des 8. Juli 1932 eine abschließende Einigung erzielt. Als Reichskanzler von Papen am Vorabend der Vertragsunterzeichnung, also am 8. Juli 1932, fragt, was im Falle des Scheiterns der Ratifikation zu geschehen habe, antwortet der englische Premier, die dann eintretende Lage werde „nicht ohne eine neue Konferenz" entschieden werden.[116] Die deutsche Delegation versteht diese Erklärung als Feststellung, dass einseitige Maßnahmen der Gläubigerstaaten ausgeschlossen sind.[117] Kaum hat Melchior die Konferenz von Lausanne beendet, kommt ein halbes Jahr später Adolf Hitler an die Macht. Die „Fesseln" von Versailles bestehen nur noch aus Papier.[118] Insgesamt hat Deutschland nach eigener Rechnung am Ende knapp 70 Milliarden Goldmark einschließlich Sachleistungen an Reparationen bezahlt, nach anderen Berechnungen dagegen nur 30 Milliarden Goldmark. Melchiors Stellung in der deutschen Politik – auch gegenüber Reichskanzler von Papen – beruhte auf dem Vertrauen, das die demokratischen Politiker in ihn gesetzt hatten.[119]

Das Jahr 1933: Der Rücktritt von allen öffentlichen Ämtern

Am 30. Januar 1933 ernennt Reichspräsident von Hindenburg den Vorsitzenden der NSDAP, Adolf Hitler, zum neuen Reichskanzler. Neben Hitler gehören dem Kabinett mit Wilhelm Frick (Inneres) und Hermann Göring (ohne Geschäftsbereich) zwei weitere NSDAP-Mitglieder an. In Berlin feiert die NSDAP die Machtübernahme mit einem Fackelzug. Der Reichspräsident löst auf Wunsch Hitlers den Reichstag auf. Der Tag der Neuwahlen wird auf den 5. März 1933 bestimmt. Am 28. Februar 1933 ergeht die „Verordnung zum Schutz von Volk und Staat", am 24. März 1933 mit den Stimmen des Zentrums, der Bayerischen Volkspartei und der Deutschen Staatspartei das „Gesetz zur Behebung der Not von Volk und Reich". Das sogenannte Ermächtigungsgesetz verfügt, dass die gesetzgebende Gewalt de facto vollständig auf die Reichsregierung übergeht. Für den 1. April 1933 organisiert Joseph Goebbels einen Boykotttag gegen jüdische Geschäfte, Ärzte und Anwälte. Am 7. April 1933 ergeht das „Gesetz über die Wiederherstellung des Berufsbeamtentums". Das Gesetz enthält den „Arierparagraphen". Danach sind Beamte grundsätzlich in den Ruhestand zu versetzen, die „nicht arischer" Abstammung sind. Seit Mitte 1933 gibt es nur noch die NSDAP als zulässige politische Partei.[120] Nach der Machtübernahme von Hitler war Melchior in das Kontor von Max Warburg gekommen und hatte erklärt: „Ich möchte jetzt bis an mein Lebensende für die Gleichberechtigung der Juden kämpfen.“[121] Er hänge nicht an seinem Leben. Er sei seit 20 Jahren im Schützengraben.

Bereits in den ersten Monaten des Jahres 1933 entsteht eine unkoordinierte Fluchtbewegung deutscher Juden. Ihr Umfang ist für die ersten Monate des Jahres 1933 unsicher. Für das Jahr 1933 wird die Zahl von aus Deutschland geflüchteten Juden auf etwa 38 000 geschätzt.[122] Die Notverordnung des Reichspräsidenten vom 4. Februar 1933 „zum Schutze des deutschen Volkes“ ermächtigt die Regierung zu Eingriffen in die Presse- und Versammlungsfreiheit und bietet eine erste Gelegenheit zur Verfolgung politischer Gegner. Der durchaus wahrgenommene gesteigerte Antisemitismus wird in der deutschen Öffentlichkeit vor allem auf die Radikalität der SA zentriert und als vorübergehend und von der neuen politischen Führung als beherrschbar betrachtet. Diese Beurteilung erweist sich zunehmend als ein fataler Irrtum. Die Führungsebenen der jüdischen Gemeinden und Institutionen erkennen immer deutlicher, dass sie in irgendeiner Form auf die dramatischen Veränderungen des sich

außerordentlich rasch etablierenden NS-Systems reagieren müssen.
Carl Melchior, jetzt 61 Jahre alt, zögert nicht, aus den politischen Änderungen, welche das NS-Regime für das deutsche Judentum mit sich bringt, umgehend persönliche Folgerungen zu ziehen. Er tritt von allen öffentlichen Ämtern zurück. So legt er seinen Sitz im Generalrat der Reichsbank nieder. Vom Amt des Stellvertretenden Vorsitzenden des Verwaltungsrates der Bank für Internationalen Zahlungsausgleich (BIZ) tritt er ebenfalls zurück. Seine Kontakte zum Völkerbund beendet er. Bereits im März 1933 hatte er den Aufsichtsratsvorsitz bei der Beiersdorf AG niedergelegt. Längst wird er wegen seiner Tätigkeit durch das NS-Regime als „internationaler Jude" und als „internationaler Bankier" diffamiert. Ohnedies dachte Melchior nach dem Abschluss der Lausanner Konferenz daran, sich zurückzuziehen. Im Hause der Warburg-Bank sei eine neue Generation herangewachsen. Er überlegt, als Wohnsitz einen ruhigen Ort in Süddeutschland zu wählen. Dort könne er seine Memoiren schreiben. Es kommt anders. Er sieht für die deutschen Juden in Deutschland keine Zukunft mehr.

Als Mitgründer und Geschäftsführer des „Zentralausschusses der deutschen Juden für Hilfe und Aufbau“

War Melchior in seinem Engagement zugunsten jüdischer Belange in den 1920er Jahren zurückhaltend gewesen, so ändert er diese Haltung grundlegend mit dem politischen Aufstieg des Nationalsozialismus, beginnend seit Herbst 1930. Bei der Reichstagswahl am 14. September 1930 erlitt die Regierung um Brüning eine gewaltige Niederlage, währenddessen die NSDAP ihre gewonnenen Mandate von vorher 12 auf 107 steigern konnte. Jedenfalls beteiligt sich Melchior ab 1932 an der Vorbereitung zur Gründung des „Zentralausschuss der deutschen Juden für Hilfe und Aufbau“ (ZAHA). Der Zentralausschuss kann durchaus als einer der Vorläufer der „Reichsvertretung der deutschen Juden“ gelten, an deren förmlicher Gründung Melchior im September 1933 ebenfalls beteiligt ist. Zusammen mit dem Zionisten und Arzt Ludwig Tietz (1897–1933) übernimmt er bereits im April 1933 die Geschäftsführung des Zentralausschusses. Der Ausschuss wird am 13. April 1933 förmlich gegründet. Er ist organisatorisch an die sich zu diesem Zeitpunkt im Gründungsstadium befindliche „Reichsvertretung der deutschen Juden“ angegliedert.[123] In dem zusammen mit Rabbiner Leo Baeck

formulierten Gründungsaufruf heißt es: „Wir haben das Recht, uns helfen zu lassen, wenn wir zuerst und mit ganzer Kraft uns selbst helfen – vor allem wir deutschen Juden, die wir ein altes Ansehen und einen alten Ruf zu wahren haben."[124] Verhandlungen mit dem NS-Regime über die Auswanderung der Juden hält Melchior für die einzig sinnvolle Lösung.[125]
Bei dem Zentralausschuss handelt es sich um einen Zusammenschluss aller jüdischen Wohlfahrts- und Auswanderungsorganisationen in Deutschland. Melchior und Tietz erkennen, dass die Regierungsübernahme der NSDAP dazu zwingt, die verschiedenen Strömungen im deutschen Judentum in einer Organisation zu bündeln. Die Differenzen über die Auslegung des „Jüdischseins" zwischen Assimilierten, Zionisten und Religiösen hatten in den Hintergrund zu treten. Vorrangig sei nun, die deutschen Juden auf eine neue Art des Lebens vorzubereiten. Es bedürfe einer zentralen Stelle, die das gesamte deutsche Judentum repräsentiert und Verhandlungen mit den Behörden führen kann. Der Centralverein deutscher Staatsbürger jüdischen Glaubens, die Zionistische Vereinigung für Deutschland, der Hilfsverein der deutschen Juden, der Jüdische Frauenbund, der Preußische Landesverband Jüdischer Gemeinden, die Jüdische Gemeinde Berlin und die orthodoxe Agudas Israel sind im Zentralausschuss zusammenzuführen.

Man kann in Melchior also den maßgeblichen Mitbegründer des Zentralausschusses sehen. Seine persönliche Autorität ist unbestritten, sein allgemeines fachliches Können ohnedies. Immer wieder beschreiben die Zeitgenossen, die mit ihm zusammenarbeiteten, seine menschliche Wärme und Güte, obwohl von ihm auch eine gewisse Kühle in der Form ausgegangen sei. Eine religiöse Bindung liegt ihm indes eher fern. Ende April 1933 siedelt Melchior für einige Wochen nach Berlin über und widmet sich ausschließlich jüdischen Angelegenheiten.[126] Am Ende des Sommers 1933 bestürmen viele Max Warburg, die jüdischen Interessen in die Hand zu nehmen, aber bei der Gründungssitzung des Zentralausschusses lehnt dieser die Wahl zum Vorsitzenden ab.[127] Stattdessen überredet er Leo Baeck, das Amt zu übernehmen. Bei diesen Aktivitäten wurde Max Warburg – unverändert – von Melchior unterstützt, soweit es diesem aus gesundheitlichen Gründen zu dieser Zeit noch möglich war.

Heirat und Tod

Die Tätigkeit im „Zentralausschuss der deutschen Juden für Hilfe und Aufbau“ bietet Melchior ein neues Aufgabenfeld. Am 6. Mai 1933 schreibt er an den Reichspräsidenten Paul von Hindenburg. Darin verwendet er sich für seine jüdischen Glaubensgenossen – eine Antwort erhält er nicht. Am 7. Dezember 1933 hält er eine Rede in der „Walther Rathenau Gesellschaft“ in Berlin über „Das Ende der Reparationen“.[128] Das ist vermutlich sein letzter öffentlicher Auftritt.

Melchior geht es gesundheitlich schlecht Seine Kuraufenthalte häufen sich. Ein Sanatoriumsaufenthalt in der Nähe von Baden-Baden bringt ihm nur eine kurze Linderung. Melchior wusste, dass er unter Herzproblemen leidet. Zudem zählt er zu den beliebtesten Angriffszielen des NS-Regimes. Er wird verleumdet und verfolgt. Im Sommer 1933 rechnet er fest mit seiner Verhaftung durch die Gestapo. Für diesen Fall hat er den Hamburger Rechtsanwalt Dr. Kurt Sieveking, dem Vertrauten der Warburg-Bank, mit Vollmachten ausgestattet.[129] Auf seine Prokura hat er zugunsten der Warburg-Bank verzichtet. Im Juni 1933 verlässt Melchior aus gesundheitlichen Gründen Berlin und fährt für einen dringend benötigten Erholungsaufenthalt in den Schwarzwald, ins Kurhaus Bühlerhöhe.

Im Herbst 1933, Ende September, heiratet Melchior seine mehrjährige Lebensgefährtin, die Schriftstellerin Marie Jeanne Therese de Molènes (1.3.1891–29.1.1985) in Paris. Die beiden erwarten ein Kind. Charles Marc Ernst Melchior de Molènes, „le petit Carl", wie ihn die Mutter zärtlich nennen wird, kommt am 9. März 1934 auf die Welt. Melchior hatte seine Frau während der Pariser Konferenz zum Young-Plan (1929) kennengelernt. Sie ist 20 Jahre jünger als er. Melchior quält sich mit der Frage einer Heirat, wie er Hans Schäffer offenbart: „Erst in der letzten halben Stunde, die ich im Spätsommer 1933 unter den hohen Tannen des Schwarzwaldes mit ihm verbrachte, erzählte er mir von seinem menschlichen Erleben und besprach mit mir seine eigenen schweren Fragen, vor allem seine Beziehung zu jener über zwanzig Jahre jüngeren Frau, die einer alten Familie des südfranzösischen Adels angehörte und die über alle Grenzen von Völkern und Glauben hinweg dann noch wenige Monate vor seinem Tode ihr Leben mit dem seinen für die Dauer verband."[130] Marie de Molènes war verwitwet. In zweiter Ehe war sie mit Emile Stéphane Landrieu (1873–1926), einem kämpferischen Sozialisten, verheiratet gewesen. Sie ist klassisch gebildet, polyglott, schreibt an einem Entwicklungsroman „Fortunade à Berlin" (abgeschlossen Ende 1932, verlegt in Paris 1933). Melchior übersendet es – ein

Abb. 8: Marie de Molènes mit „le petit Carl“

wenig stolz – Mitte November 1933 an Albrecht Mendelssohn Bartholdy unter Anzeige seiner Heirat. Das Paar lebt in Hamburg im Stadthaus in der Heimhuder Straße 55 zusammen. Im selben Haus in Hamburg wohnt 1933 auch die unverheiratet gebliebene Schwester von Carl, Clara Melchior. Die Geschwister verbindet die gemeinsame Liebe zur darstellenden Kunst. Beide haben umfangreiche Kunstsammlungen.[131] Clara verlässt Deutschland notgedrungen im Juni 1939 und geht nach Charlottenlund in Dänemark.

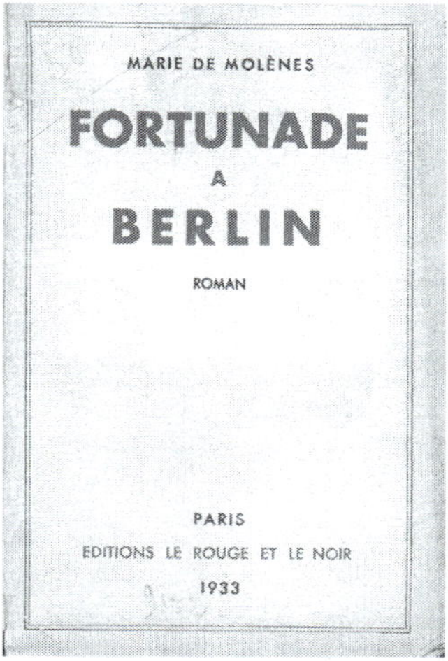

Abb. 9: Titelblatt „Fortunade à Berlin“

Am Jahresende 1933, am 30. Dezember 1933, stirbt Carl Melchior im Alter von 62 Jahren an den Folgen eines Schlaganfalls, geschwächt durch eine winterliche Erkältung. Er ist seit Monaten gesundheitlich schwer angeschlagen und leidet beinahe täglich an Herzkrämpfen. Melchior wird am 2. Januar 1934 bestattet. Sein Grab befindet sich in Hamburg auf dem Jüdischen Friedhof Ilandkoppel (Ohlsdorf, Feld L1). Der Grabstein enthält keine Lebensdaten. Auffällig ist auch: Es fehlen die üblichen hebräischen religiösen Formeln, also פט für „hier ruht" und die Abbreviatur ת'נ'צ'ב'ה' für die Textstelle 1. Sam. 25, 29, d. h. „Seine/Ihre Seele sei eingebunden in das Bündel des Lebens". Marie Melchior de Molènes verlässt Hamburg und zieht mit dem gemeinsamen Sohn, Charles Marc Ernst, zurück nach Frankreich, wohin sie einen Teil ihres Erbes – eine recht umfangreiche Gemäldesammlung der klassischen Moderne – mitnehmen wird. 1951 verkauft Marie Melchior de Molènes das Stadthaus Heimhuder Straße 55. Es beherbergt heute das Institut français in Hamburg und das französische Generalkonsulat. Im Jahr 1985 stirbt sie hochbetagt in Paris. Ihr gemeinsamer Sohn wird französischer Diplomat werden.

Im Gedenken an Carl Melchior wurde 1984 an der Hebräischen Universität in Jerusalem der Carl-Melchior-Lehrstuhl für Internationale Politik eingerichtet.

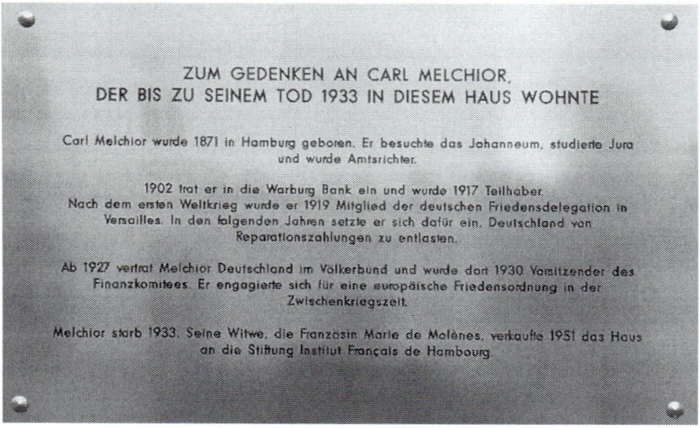

Abb. 10: Gedenktafel im Institut français, Hamburg, Heimhuderstraße 55

Die Universität gründete 1999 das Melchior Minerva Center for Macroeconomics and Growth, das das Wirtschaftswachstum und die Forschungskooperation zwischen Israel und Deutschland fördern soll. In einer idealen Welt wäre Carl Melchior als großem Demokraten ein fester Platz in der offiziellen Erinnerung seines Landes und seiner Vaterstadt Hamburg eingeräumt worden. In der Realität der deutschen Erinnerungskultur liegen die Dinge anders. Im Vorbau der W. Michael Blumenthal Akademie des Jüdischen Museums Berlin steht für ihn immerhin eine Vitrinenausstellung.

Abb. 11: Grabstein Jüdischer Friedhof Hamburg-Ohlsdorf Ilandkoppel

Anmerkungen

1 Verein für Hamburgische Geschichte (Hrsg.), Carl Melchior. Ein Buch des Gedenkens und der Freundschaft, Tübingen 1967, S. VI.

2 Matthias Schmook, Eine Straße für Carl Melchior, in: Hamburger Abendblatt, 22.8.2020, S. 15.

3 Andreas Kilb, Im Dienste der Republik, in: Frankfurter Allgemeine Zeitung, 19.1.2019.

4 John Maynard Keynes, Freund und Feind. Zwei Erinnerungen, aus dem Engl. übers. v. Joachim Kalka, mit einer Einleitung von Dorothea Hauser, Berlin 2004, S. 40 f. (Engl. Original: Two Memoirs. Dr. Melchior – A Defeated Enemy and My Early Beliefs, London 1949).

5 Henning Albrecht, Alfred Beit. The Hamburg Diamond King, aus dem Dt. übers. v. Christopher Watson, Hamburg 2012, S. 19 f.

6 Carl Melchior hatte u. a. zahlreiche Tanten, die Schwestern seines Vaters sind, nämlich Cäcilie Robinow (1841–1886), Charlotte Hanne Raphael (1843–1905), Ida Melchior (1846–1911), Thea Cohnheim (1848–1928) und Louise Heymann (1848–1933), die beiden Letztgenannten sind Zwillingsschwestern.

7 Heiko Morisse, Ausgrenzung und Verfolgung der Hamburger jüdischen Juristen im Nationalsozialismus, Bd. 2: Beamtete Juristen, Göttingen 2013, S. 159 f.

8 Peter Freimark, Carl Melchior, in: Neue Deutsche Biographie (NDB), Bd. 17, Berlin 1994, S. 11 f.

9 Vgl. Carl Melchior, Die Hamburgischen Ausführungsgesetze auf dem Gebiet des Grundbuchrechts, Hamburg 1902.

10 Kurt Zielenziger, Juden in der deutschen Wirtschaft, Berlin 1930, S. 228–239, hier S. 228 f. Zielenziger, jüdischer Herkunft, war am 15. September 1934 in die Niederlande emigriert. Er

starb vermutlich am 19. Juli 1944 im Konzentrationslager Bergen-Belsen.

11 Ernest Hamburger, Juden im öffentlichen Leben Deutschlands. Regierungsmitglieder, Beamte und Parlamentarier in der monarchischen Zeit 1848–1918, Tübingen 1968, S. 53.

12 Vgl. Gabriele Hoffmann, Max M. Warburg, Hamburg 2009; vgl. auch Ron Chernow, Die Warburgs. Odyssee einer Familie, Berlin 1994, S. 122.

13 Hans Schäffer, Meine Zusammenarbeit mit Carl Melchior, in: Verein für Hamburgische Geschichte (Hrsg.), Carl Melchior. Ein Buch des Gedenkens und der Freundschaft, Tübingen 1967, S. 35–106.

14 Vgl. Eckart Kleßmann, M. M. Warburg & Co. 1798–1998. Die Geschichte eines Bankhauses, Hamburg 1998; Alfred Vagts, M. M. Warburg & Co – Ein Bankhaus in der deutschen Weltpolitik 1905–1933, in: Vierteljahrschrift für Sozial- und Wirtschaftsgeschichte 45 (1958), S. 289–388.

15 Ron Chernow, Die Warburgs, S. 189 ff.

16 Vgl. Eckhard Kleßmann, M. M. Warburg & Co.; Eduard Rosenbaum/A. J. Sherman, Das Bankhaus M. M. Warburg & Co. 1798–1938, Hamburg 1976.

17 Helga Krohn, Die Juden in Hamburg. Die politische, soziale und kulturelle Entwicklung einer jüdischen Großstadtgemeinde nach der Emanzipation 1848–1918, Hamburg 1974, S. 202.

18 Vgl. Reinhard Rürup, Der Erste Weltkrieg als „Urkatastrophe" der deutschen Geschichte des 20. Jahrhunderts, in: ders. (Hrsg.), Revolution und Demokratiegründung. Studien zur deutschen Geschichte 1918/19, Göttingen, 2020, S. 19–36.

19 Ernst Rudolf Huber, Deutsche Verfassungsgeschichte seit 1789, Bd. 5: Weltkrieg, Revolution und Reichserneuerung 1914–1919, Stuttgart 1978, S. 192 ff.

20 Ron Chernow, Die Warburgs, S. 204.

21 Vgl. Momme Rohlack, Kriegsgesellschaften (1914–1918). Arten, Rechtsformen und Funktionen in der Kriegswirtschaft des Ersten Weltkrieges, Frankfurt am Main 2011; Regina Roth, Staat und Wirtschaft im Ersten Weltkrieg. Kriegsgesellschaften als kriegswirtschaftliche Steuerungsinstrumente, Berlin 1997.

22 Bericht von Hans Meyer, Melchior als Mensch und Diplomat. Schlusswort, in: Verein für Hamburgische Geschichte (Hrsg.), Carl Melchior, S. 131 f.

23 Hans-Ulrich Wehler, Deutsche Gesellschaftsgeschichte. 1914–1949, 3. Aufl., Bd. 4, München 2008 (2003), S. 47 ff., S. 57 ff. (Agrarwirtschaft).

24 Ebd., S. 142 ff.

25 Dorothea Hauser / Christoph Kreutzmüller (Konzeption und Text), Carl Melchior. Jüdischer Vorkämpfer eines europäischen Friedens, Ausstellung im Jüdischen Museum Berlin, 17.1.–30.3.2019, Ausstellungskatalog, Hamburg 2019, S. 15.

26 Ron Chernow, Die Warburgs, S. 268.

27 Max M. Warburg, Aus meinen Aufzeichnungen, Privatdruck (E. M. Warburg), New York [1952], S. 71.

28 Ron Chernow, Die Warburgs, S. 268 f.

29 So Dorothea Hauser / Christoph Kreutzmüller (Konzeption und Text), Carl Melchior, S. 9.

30 Kurt Zielenziger, Juden in der deutschen Wirtschaft, S. 228–239.

31 Vgl. Sebastian Panwitz, Das Haus des Kranichs. Die Privatbankiers von Mendelssohn & Co. (1795–1938), Berlin 2016.

32 Vgl. Volker Ullrich, Die Revolution von 1918/19, München 2009, S. 11–27; Reinhard Rürup, Problems of the German Revolution 1918–1919, in: Journal of Contemporary History 3 (1968), Nr. 4, S. 109–135.

33 Max M. Warburg, Aus meinen Aufzeichnungen, S. 71; Ron

Chernow, Die Warburgs, S. 268; Bericht von Hans Meyer: Melchior als Mensch und Diplomat, S. 131–133.

34 Peter Krüger, Deutschland und die Reparationen 1918/19. Die Genesis des Reparationsproblems in Deutschland zwischen Waffenstillstand und Versailler Friedensschluß, Stuttgart 1973, S. 74.

35 Matthias Erzberger, Erlebnisse im Weltkrieg, Stuttgart 1920, S. 326 ff.; teilweise abweichend Ernst Rudolf Huber, Deutsche Verfassungsgeschichte seit 1789, Bd. 5, S. 76 ff.

36 Peter Krüger, Deutschland und die Reparationen 1918/19, S. 75; vgl. ders., Das Reparationsproblem der Weimarer Republik in fragwürdiger Sicht. Kritische Überlegungen zur neuesten Forschung, in: Vierteljahrshefte für Zeitgeschichte 29 (1981), Nr. 1, S. 21–47.

37 Dorothea Hauser, Politik und Gefühl, in: John Maynard Keynes, Freund und Feind, S. 7–23, hier S. 9.

38 Ernst Rudolf Huber, Deutsche Verfassungsgeschichte seit 1789, Bd. 5, S. 763 mit Fn. 41.

39 Max M. Warburg, Aus meinen Aufzeichnungen, S. 71. Vgl. ferner Jürgen Frölich, Ein Nationalliberaler unter „Demokraten". Eugen Schiffer und der organisierte Liberalismus vom Kaiserreich bis nach dem Zweiten Weltkrieg, in: Jahrbuch zur Liberalismus-Forschung 18 (2006), S. 153–186; Dietrich Goldschmidt, Eugen Schiffer (14.2.1860–5.9.1954). Ein Leben für liberale Politik und volksnahes Recht, in: Walter Pauly (Hrsg.), Hallesche Rechtsgelehrte jüdischer Herkunft, Köln 1996, S. 69–81.

40 John Maynard Keynes, Freund und Feind, S. 40 f.

41 John Maynard Keynes, Dr. Melchior. Ein besiegter Feind, in: Shalom Philipson (Hrsg.), Von Versailles nach Jerusalem. Dr. Carl Melchior und sein Werk, Jerusalem 1984, S. 17–54, hier S. 28.

42 Ernst Rudolf Huber, Deutsche Verfassungsgeschichte seit 1789, Bd. 5, S. 1157; Bericht von Hans Meyer, Melchior als Mensch und

Diplomat, S. 131, 134 f.

43 So Karen Horn, Von Versailles über Lausanne ins Verhängnis: Im Schicksal des jüdischen Juristen Carl Melchior spiegelt sich das deutsche Drama des 20. Jahrhunderts, in: Neue Zürcher Zeitung, 22.6.2019.

44 Max M. Warburg, Memorandum über die Friedensbedingungen vom 13.5.1919. Bei der Übermittlung an Legationsrat Gaus fügte Warburg handschriftlich die Bemerkung hinzu: „Es ist recht weitläufig geworden, man diktiert sich aber gleich in eine ellenlange Wut." Vgl. Peter Krüger, Deutschland und die Reparationen 1918/19, S. 187 mit Fn. 61.

45 Peter Krüger, Deutschland und die Reparationen 1918/19, S. 181 ff.

46 Hans-Ulrich Wehler, Deutsche Gesellschaftsgeschichte, S. 241 ff.

47 John Maynard Keynes, The Economic Consequences of the Peace, London 1919 (Dt.: Die wirtschaftlichen Folgen des Friedensvertrages, aus dem Engl. übers. v. M. J. Bonn und C. Brinkmann, München 1920); Online-Ausgabe, Aachen 2017, gekürzte Neuaufl.: Krieg und Frieden. Die wirtschaftlichen Folgen des Vertrags von Versailles, aus dem Engl. übers. von Joachim Kalka, hrsg. und mit einer Einleitung v. Dorothea Hauser, Berlin 2006.

48 Ernst Rudolf Huber, Deutsche Verfassungsgeschichte seit 1789, Bd. 5, S. 1157; Bericht von Hans Meyer, Melchior als Mensch und Diplomat, S. 131, 135.

49 Ron Chernow, Die Warburgs, S. 275; Leo Lippmann, Mein Leben und meine amtliche Tätigkeit. Erinnerungen und ein Beitrag zur Finanzgeschichte Hamburgs, aus dem Nachlaß hrsg. v. Werner Jochmann, Hamburg 1964, S. 288, 357.

50 M. L., Nachruf, in: Der Morgen, 1934, S. 399.

51 Ernst Rudolf Huber, Deutsche Verfassungsgeschichte seit 1789, Bd. 5, S. 1176, Bd. 7: Ausbau, Schutz und Untergang der

Weimarer Republik, Stuttgart 1984, S. 278 ff., 459 ff., 514 ff.

52 Vgl. Werner Jochmann, Die Ausbreitung des Antisemitismus, in: Werner E. Mosse (Hrsg.), Deutsches Judentum in Krieg und Revolution. 1916–1923, Tübingen 1971, S. 409–510.

53 Dorothea Hauser / Christoph Kreutzmüller (Konzeption und Text), Carl Melchior, S. 39; vgl. ferner Ernst Rudolf Huber, Deutsche Verfassungsgeschichte seit 1789, Bd. 5, S. 985 ff.; 1072.

54 Dorothea Hauser, Politik und Gefühl, in: John Maynard Keynes, Freund und Feind, S. 10.

55 Vgl. Moritz Julius Bonn, So macht man Geschichte. Bilanz eines Lebens, München 1953, S. 299.

56 Siehe Carl Melchior, Deutschlands finanzielle Verpflichtungen aus dem Friedensvertrage, Berlin 1920.

57 Vgl. den amtlichen deutschen Bericht über die Konferenz von Spa im „Weißbuch" der Reichsregierung, Verhandlungen des Reichstages, Bd. 363, Nr. 187. Über den Gang der Verhandlungen vgl. Schultheß, Europäischer Geschichtskalender, 1920 II, S. 170 ff.

58 Vgl. Ernst Rudolf Huber, Deutsche Verfassungsgeschichte seit 1789, Bd. 7, S. 150.

59 Vgl. Peter Krüger, Das Reparationsproblem der Weimarer Republik in fragwürdiger Sicht.

60 Georges Soutou, Die deutschen Reparationen und das Seydoux-Projekt, in: Vierteljahrshefte für Zeitgeschichte 23 (1975), Nr. 3, S. 237–270.

61 Vgl. Ernst Rudolf Huber, Deutsche Verfassungsgeschichte seit 1789, Bd. 7, S. 199.

62 Ron Chernow, Die Warburgs, S. 288.

63 Sonderheft des Manchester Guardian Commercial, „Wiederaufbau von Europa", 1922.

64 Ebd.

65 Vgl. Eva Ingeborg Fleischhauer, Rathenau in Rapallo. Eine notwendige Korrektur des Forschungsstandes, in: Vierteljahrshefte für Zeitgeschichte 54 (2006), Nr. 3, S. 365–416.

66 Vgl. Hans Schäffer, Meine Zusammenarbeit mit Carl Melchior, S. 39.

67 Vgl. Ernst Rudolf Huber, Deutsche Verfassungsgeschichte seit 1789, Bd. 7, S. 269 mit Fn. 58.

68 Vgl. Denise Artaud, Die Hintergründe der Ruhrbesetzung. Das Problem der interalliierten Schulden, in: Vierteljahrshefte für Zeitgeschichte 27 (1979), Nr. 2, S. 241–259.

69 Vgl. Dorothea Hauser, Politik und Gefühl, in: John Maynard Keynes, Freund und Feind, S. 22.

70 Ernst Rudolf Huber, Deutsche Verfassungsgeschichte seit 1789, Bd. 7, S. 459.

71 Vgl. Rainer Nicolaysen, Albrecht Mendelssohn Bartholdy (1874–1936). Jurist – Friedensforscher – Künstler, in: Rabels Zeitschrift für ausländisches und internationales Privatrecht 75 (2011), Nr. 1, S. 1–31; vgl. auch Dorothea Hauser / Christoph Kreutzmüller (Konzeption und Text), Carl Melchior, S. 39.

72 Dorothea Hauser / Christoph Kreutzmüller (Konzeption und Text), Carl Melchior, S. 40.

73 Ernst Rudolf Huber, Deutsche Verfassungsgeschichte seit 1789, Bd. 7, S. 493.

74 Leo Lippmann, Mein Leben und meine amtliche Tätigkeit, S. 357.

75 Vgl. Ernst Rudolf Huber, Deutsche Verfassungsgeschichte seit 1789, Bd. 7, S. 516 ff.

76 Vgl. ebd., S. 504 ff.

77 Vgl. Marin Liepach, Das Krisenbewußtsein des jüdischen Bürgertums in den Goldenen Zwanzigern, in: Andreas Gotzmann (Hrsg.), Juden, Bürger, Deutsche. Zur Geschichte von Vielfalt und Differenz, Tübingen 2001, S. 395–417.

78 Vgl. Albrecht Ritschl, Deutschlands Krise und Konjunktur 1924–1934. Binnenkonjunktur, Auslandsverschuldung und Reparationsproblem zwischen Dawes-Plan und Transfersperre, Berlin 2002.

79 Ina Lorenz, Die Juden in Hamburg zur Zeit der Weimarer Republik, Hamburg 1987, Bd. 2, S. 1019 f.; vgl. auch Dorothea Hauser / Christoph Kreutzmüller (Konzeption und Text), Carl Melchior, S. 39.

80 Zum Strafprozess „Warburg vs. Fritsch" veröffentlichte Theodor Fritsch 1925 im Hammer-Verlag „Mein Streit mit dem Hause Warburg. Eine Episode aus dem Kampfe gegen das Weltkapital" (Leipzig 1925).

81 Vgl. Karl J. Mayer, Die Weimarer Republik und das Problem der Sicherheit in den deutsch-französischen Beziehungen. 1918–1925, Frankfurt am Main 1990.

82 Vgl. Ernst Rudolf Huber, Deutsche Verfassungsgeschichte seit 1789, Bd. 7, S. 572 f.

83 Vgl. Philipp Heyde, Das Ende der Reparationen Deutschland, Frankreich und der Youngplan 1929–1932, Paderborn 1998, S. 35 ff.

84 Franz Knipping, Deutschland, Frankreich und das Ende der Locarno-Ära 1928–1931. Studien zur internationalen Politik in der Anfangsphase der Weltwirtschaftskrise, München 1987, S. 100 f.; Doris Pfleiderer, Deutschland und der Youngplan. Die Rolle der Reichsregierung, Reichsbank und Wirtschaft bei der Entstehung des Youngplans, Stuttgart 2002, S. 259 f.

85 Vgl. Bernhard Roscher, Der Briand-Kellogg-Pakt von 1928. Der „Verzicht auf den Krieg als Mittel nationaler Politik" im völkerrechtlichen Denken der Zwischenkriegszeit, Baden-Baden 2004; Ralph Blessing, Der mögliche Frieden. Die Modernisierung der Außenpolitik und die deutsch-französischen Beziehungen

1923–1929, München 2008.

86 Ernst Rudolf Huber, Deutsche Verfassungsgeschichte seit 1789, Bd. 7, S. 693. Vgl. auch Ludwig Kastl, Der Youngplan im Vergleich zum Dawesplan, in: Jahrbuch für Auswärtige Politik 2 (1930), S. 139–154.

87 Hans Schäffer, Meine Zusammenarbeit mit Carl Melchior, S. 62; Eric M. Warburg, Zeiten und Gezeiten. Erinnerungen von Eric M. Warburg, Hamburg 1982, S. 109.

88 Philipp Heyde, Das Ende der Reparationen, S. 45.

89 Vgl. die Berichte der stellvertretenden Delegierten Melchior und Kastl an die zuständigen Staatssekretäre vom 29.3.1929, in: Das Kabinett Müller II: 28. Juni 1928 bis 27. März 1930, bearb. v. Martin Vogt, Boppard am Rhein 1970, Bd. 1, Nr. 160, 161 und 164.

90 Nachweise ebd., S. 46 mit Fn. 48.

91 Ralph Blessing, Der mögliche Frieden, S. 379.

92 Philipp Heyde, Das Ende der Reparationen, S. 48.

93 Vgl. Martin Vogt, Letzte Erfolge? Stresemann in den Jahren 1928 und 1929, in: Wolfgang Michalka / Marshall M. Lee (Hrsg.), Gustav Stresemann, Darmstadt 1982, S. 443–465.

94 Vgl. Wahlprüfungsgericht beim Reichstag, Urteil vom 14.3.1930, abgedruckt in: Friedrich Poetzsch-Heffter, Vom Staatsleben unter der Weimarer Verfassung, Teil III, in: Jahrbuch des öffentlichen Rechts 21 (1933/34), S. 1–204, hier S. 200 ff.

95 Hans Schäffer, Meine Zusammenarbeit mit Carl Melchior, S. 35–106.

96 Verhandlungen des Reichstags, Bd. 426, S. 3924.

97 Vgl. Rücktrittsschreiben Schachts an die Mitglieder des Generalrates der Reichsbank vom 7.3.1930, in: Hjalmar Schacht, Das Ende der Reparationen, Oldenburg (Oldenburg) 1931, S. 118 ff.

98 Vgl. Hans Luther, Vor dem Abgrund 1930–1932. Reichsbankpräsident in Krisenzeiten, Berlin 1964.

99 Hans Schäffer, Meine Zusammenarbeit mit Carl Melchior, S. 81.

100 Vgl. Wolfgang Helbich, Die Reparationen in der Ära Brüning. Zur Bedeutung des Young-Plans für die deutsche Politik 1930–1932, Berlin 1962; Gerd Meyer, Die deutsche Reparationspolitik von der Annahme des Young-Planes (12. März 1930) bis zum Reparationsabkommen auf der Lausanner Konferenz (9. Juli 1932), Düsseldorf 1991.

101 Peter Freimark, Melchior, Carl, in: Neue Deutsche Biographie (NDB), Bd. 17, Berlin 1994, S. 11 f.; Dorothea Hauser / Christoph Kreutzmüller (Konzeption und Text), Carl Melchior, S. 37.

102 Bruce Kent, The Spoils of War. The Politics, Economics, and Diplomacy of Reparations 1918–1932. Clarendon, Oxford 1989, S. 303, 325.

103 Carl Melchior, Das Ende der Reparationen. Ansprache gehalten in der Walther Rathenau Gesellschaft in Berlin am 7. Dezember 1932 (16 S.).

104 Vgl. Ernst Rudolf Huber, Deutsche Verfassungsgeschichte seit 1789, Bd. 7, S. 862; Henning Köhler, Arbeitsbeschaffung, Siedlung und Reparationen in der Schlußphase der Regierung Brüning, in: Vierteljahrshefte für Zeitgeschichte 17 (1969), Nr. 3, S. 276–307.

105 Eckhard Wandel, Banken und Versicherungen im 19. und 20. Jahrhundert, München 1998, S. 100: „Auf der Londoner Konferenz […] zerschlug sich die Hoffnung der Deutschen auf neue, kurzfristige Kredite endgültig. Stattdessen wurde am 8. August ein Sachverständigen-Komitee in Basel einberufen das in seinem Abschlußbericht, dem Layton-Bericht, eine internationale Stillhaltevereinbarung vorschlug." Vgl. auch Hans Schäffer, Meine Zusammenarbeit mit Carl Melchior, S. 92.

106 Die Kabinette Brüning I u. II: 30. März 1930 bis 10. Oktober 1931, bearb. v. Tilman Koops, Bd. 3, Boppard am Rhein 1982,

Einleitung, S. LXVVI: „Der Bericht bestritt nämlich ein Verschulden Deutschlands und stellte zum Reparationsproblem fest, […] daß Deutschland nur eine Alternative habe, entweder die Reparationen mit ausländischen Krediten zu bezahlen und früher oder später wegen Überschuldung zusammenzubrechen, oder die Kriegsentschädigungen aus Exportüberschüssen zu finanzieren, wodurch es zum ewigen Störenfried der Weltwirtschaft abgestempelt würde."

107 Vgl. Das Basler Gutachten über die deutsche Wirtschaftskrise, Der Layton-Bericht. Bericht des auf Empfehlung der Londoner Konferenz von 1931 ernannten Sachverständigen-Ausschusses bei der B.I.Z., Frankfurt am Main 1931.

108 Hans Schäffer, Meine Zusammenarbeit mit Carl Melchior, S. 92.

109 Philipp Heyde, Das Ende der Reparationen, S. 309.

110 Vgl. die Darstellung bei Hans Schäffer, Meine Zusammenarbeit mit Carl Melchior, S. 35–106; vgl. ferner Ursula Büttner, Politische Alternativen zum Brüningschen Deflationskurs. Ein Beitrag zur Diskussion über „ökonomische Zwangslagen" in der Endphase von Weimar, in: Vierteljahrshefte für Zeitgeschichte 37 (1989), Nr. 2, S. 209–251.

111 Vgl. Der Basler Reparationsbericht: Das Gutachten des Beneduce-Ausschusses. Bericht des Beratenden Sonderausschusses Dezember 1931, Frankfurt am Main 1932.

112 Ernst Rudolf Huber, Deutsche Verfassungsgeschichte seit 1789, Bd. 7, S. 919, 995.

113 Eduard Rosenbaum / A. J. Sherman, Das Bankhaus M. M. Warburg & Co., S. 153.

114 Vgl. Philipp Heyde, Das Ende der Reparationen, S. 408 ff.

115 Melchior scheint noch am 2. Juli 1932 mit einer Restzahlung von 4 Milliarden Goldmark einverstanden gewesen zu sein. Vgl. Philipp Heyde, Das Ende der Reparationen, S. 433 mit Fn. 73.

116 Ernst Rudolf Huber, Deutsche Verfassungsgeschichte seit 1789, Bd. 7, S. 998.

117 Der Text des Lausanner Abkommens vom 9. Juli 1932 ist amtlich nicht veröffentlicht; er findet sich u. a. in der Veröffentlichung von Karl Strupp. Der Vertrag von Lausanne. Text mit Erläuterungen und ausführlicher Einleitung über die Entwicklung des Reparationsproblems, Gießen 1932.

118 Dorothea Hauser, Geld und Moral, in: John Maynard Keynes, Krieg und Frieden, S. 7–33, hier S. 28.

119 Otto Heinrich von der Gablenz, A very human man, in: Verein für Hamburgische Geschichte (Hrsg.), Carl Melchior, S. 106–110, hier S. 110; vgl. auch Ralph Smiley, The Lausanne Conference. The Diplomacy of the End of Reparations, New Brunswick 1972.

120 Vgl. das „Gesetz gegen die Neubildung von Parteien" vom 14.7.1933, RGBl I 1933, S. 479.

121 Ron Chernow, Die Warburgs, S. 489 mit Fn. 6.

122 Ina Lorenz / Jörg Berkemann, Die Hamburger Juden im NS-Staat 1933 bis 1938/39, Göttingen 2016, Bd. II, S. 1005 mit Fn. 54.

123 S. Adler-Rudel, Jüdische Selbsthilfe unter dem Nazi-Regime 1933–1939 im Spiegel der Berichte der Reichsvereinigung der Juden in Deutschland, Tübingen 1974, S. 10 f.; vgl. auch Clemens Vollnhals, Jüdische Selbsthilfe bis 1938, in: Wolfgang Benz (Hrsg.), Die Juden in Deutschland 1933–1945. Leben unter nationalsozialistischer Herrschaft, München 1988, S. 314–329; Hans-Werner Hahn, Die Gründung der Reichsvertretung, in: Hans Tramer (Hrsg.), In zwei Welten. Siegfried Moses zum 75. Geburtstag, Tel Aviv 1962, S. 97–105.

124 Dorothea Hauser / Christoph Kreutzmüller (Konzeption und Text), Carl Melchior, S. 44.

125 Ron Chernow, Die Warburgs, S. 490 mit Fn. 9.

126 Hans Schäffer, Meine Zusammenarbeit mit Carl Melchior, S. 101.

127 Ron Chernow, Die Warburgs, S. 489.
128 Carl Melchior, Das Ende der Reparationen.
129 Kurt Sieveking, Vorwort, in: Verein für Hamburgische Geschichte (Hrsg.), Carl Melchior. Ein Buch des Gedenkens und der Freundschaft, Tübingen 1967, S. VII.
130 Hans Schäffer, Meine Zusammenarbeit mit Carl Melchior, S. 37.
131 Maike Bruhns, Kunst in der Krise, Bd. 1: Hamburger Kunst im „Dritten Reich", Hamburg 2001, S. 246–248.

Literatur (Auswahl)

Adler-Rudel, Salomon, Jüdische Selbsthilfe unter dem Nazi-Regime 1933–1939 im Spiegel der Berichte der Reichsvereinigung der Juden in Deutschland, Tübingen 1974.

Albrecht, Henning, Alfred Beit: The Hamburg Diamond King. Hamburg University Press, Hamburg 2012.

Blessing, Ralph, Der mögliche Frieden. Die Modernisierung der Außenpolitik und die deutsch-französischen Beziehungen 1923–1929 (= Pariser Historische Studien, Bd. 76), München 2008.

Bruhns, Maike, Kunst in der Krise, Bd. 1 (Kunst im „Dritten Reich"), Hamburg 2001.

Büttner, Ursula, Politische Alternativen zum Brüningschen Deflationskurs. Ein Beitrag zur Diskussion über „ökonomische Zwangslagen" in der Endphase von Weimar, in: VfZ 37 (1989), S. 209–251.

Chernow, Ron, Die Warburgs. Odyssee einer Familie, Berlin 1994.

Freimark, Peter, Carl Melchior, in: Neue Deutsche Biographie (NDB), Bd. 17, Berlin 1994.

Hamburger, Ernest, Juden im öffentlichen Leben Deutschlands. Regierungsmitglieder, Beamte und Parlamentarier in der monarchischen Zeit 1848–1918, Tübingen 1968.

Hahn, Hans-Werner, Die Gründung der Reichsvertretung, in: Hans Tramer (Hrsg.), In zwei Welten, Siegfried Moses zum 75. Geburtstag, Tel Aviv 1962.

Hauser, Dorothea / Christoph Kreutzmüller (Konzeption und Text), Carl Melchior. Jüdischer Vorkämpfer eines europäischen Friedens, Ausstellung im Jüdischen Museum Berlin, 17.1.–30.3.2019, Ausstellungskatalog, Hamburg 2019.

Hauser, Dorothea, Geld und Moral, in: John Maynard Keynes, Krieg und Frieden. Die wirtschaftlichen Folgen des Vertrags von Versailles, Berlin 2006.

Hauser, Dorothea, Politik und Gefühl, in: John Maynard Keynes, Freund und Feind. Zwei Erinnerungen, Berlin 2004.

Helbich, Wolfgang, Die Reparationen in der Ära Brüning. Zur Bedeutung des Young-Plans für die deutsche Politik 1930–1932, Berlin 1962.

Heyde, Philipp, Das Ende der Reparationen. Deutschland, Frankreich und der Youngplan 1929–1932, Paderborn 1998.

Hoffmann, Gabriele, Max M. Warburg, Hamburg 2009.

Kent, Bruce, The Spoils of War. The Politics, Economics and Diplomacy of Reparations 1918–1932, Clarendon, Oxford 1989.

Keynes, John Maynard, Dr. Melchior. Ein besiegter Feind, in: Shalom Philipson, Von Versailles nach Jerusalem. Dr. Carl Melchior und sein Werk, Jerusalem 1984.

Keynes, John Maynard, Freund und Feind. Zwei Erinnerungen, Berlin 2004.

Kleßmann, Eckart, M. M. Warburg & Co. 1798–1998. Die Geschichte eines Bankhauses, Hamburg 1998.

Knipping, Franz, Deutschland, Frankreich und das Ende der Locarno-Ära 1928–1931. Studien zur internationalen Politik in der Anfangsphase der Weltwirtschaftskrise, München 1987.

Krüger, Peter, Das Reparationsproblem der Weimarer Republik in fragwürdiger Sicht, in: VfZ 29 (1981), S. 21–47.

Krüger, Peter, Deutschland und die Reparationen 1918/19, Stuttgart 1973.

Liepach, Martin, Das Krisenbewußtsein des jüdischen Bürgertums in den Goldenen Zwanzigern, in: Andreas Gotzmann (Hrsg.), Juden, Bürger, Deutsche. Zur Geschichte von Vielfalt und Differenz, Tübingen 2001, S. 395–417.

Lippmann, Leo, Mein Leben und meine amtliche Tätigkeit. Erinnerungen und ein Beitrag zur Finanzgeschichte Hamburgs. Aus dem Nachlaß hrsg. von Werner Jochmann, Hamburg 1964.

Lorenz, Ina, Die Juden in Hamburg zur Zeit der Weimarer Republik, Hamburg 1987.

Luther, Hans, Vor dem Abgrund 1930–1932. Reichsbankpräsident in Krisenzeiten, Berlin 1964.

Mayer, Karl J., Die Weimarer Republik und das Problem der Sicherheit in den deutsch-französischen Beziehungen. 1918–1925, Frankfurt/Main 1990.

Melchior, Carl, Das Ende der Reparationen. Ansprache gehalten in der Walther Rathenau Gesellschaft in Berlin am 7. Dezember 1932 (16 S.).

Melchior, Carl, Deutschlands finanzielle Verpflichtungen aus dem Friedensvertrage, Berlin 1920.

Melchior, Carl, Die Hamburgischen Ausführungsgesetze auf dem Gebiet des Grundbuchrechts, Hamburg 1902.

Meyer, Gerd, Die deutsche Reparationspolitik von der Annahme des Young-Planes (12. März 1930) bis zum Reparationsabkommen auf der Lausanner Konferenz (9. Juli 1932), Düsseldorf 1991.

Morisse, Heiko, Ausgrenzung und Verfolgung der Hamburger jüdischen Juristen im Nationalsozialismus, Bd. 2, Beamtete Juristen, 2. Aufl., Göttingen 2013.

Nicolaysen, Rainer, Albrecht Mendelssohn Bartholdy (1874–1936). Jurist – Friedensforscher – Künstler, in: Rabels Zeitschrift für ausländisches und internationales Privatrecht, Tübingen, Bd. 75, Heft 1 (2011).

Pfleiderer, Doris, Deutschland und der Youngplan. Die Rolle der Reichsregierung. Reichsbank und Wirtschaft bei der Entstehung des Youngplans, Stuttgart 2002.

Ritschl, Albrecht, Deutschlands Krise und Konjunktur 1924–1934. Binnenkonjunktur, Auslandsverschuldung und Reparationsproblem zwischen Dawes-Plan und Transfersperre, Berlin 2002.

Rohlack, Momme, Kriegsgesellschaften (1914–1918). Arten, Rechts-

formen und Funktionen in der Kriegswirtschaft des Ersten Weltkrieges, Frankfurt/Main 2001.
Roscher, Bernhard, Der Briand-Kellogg-Pakt von 1928. Der „Verzicht auf den Krieg als Mittel nationaler Politik“ im völkerrechtlichen Denken der Zwischenkriegszeit, Baden-Baden 2004.
Rosenbaum, Eduard / A. J. Sherman, Das Bankhaus M. M. Warburg & Co. 1798–1938, Hamburg 1976.
Roth, Regina, Staat und Wirtschaft im Ersten Weltkrieg. Kriegsgesellschaften als kriegswirtschaftliche Steuerungsinstrumente, Berlin 1997.
Rürup, Reinhard, Der Erste Weltkrieg als „Urkatastrophe“ der deutschen Geschichte des 20. Jahrhunderts, in: ders. (Hrsg.), Revolution und Demokratiegründung. Studien zur deutschen Geschichte 1918/19, Göttingen 2020.
Schäffer, Hans, Meine Zusammenarbeit mit Carl Melchior, in: Verein für Hamburgische Geschichte (Hrsg.), Carl Melchior. Ein Buch des Gedenkens und der Freundschaft, Tübingen 1967.
Sieveking, Kurt, Vorwort, in: Verein für Hamburgische Geschichte (Hrsg.), Carl Melchior. Ein Buch des Gedenkens und der Freundschaft, Tübingen 1967, S. III–VII.
Smiley, T Ralph, The Lausanne Conference. The Diplomacy of the End of Reparations, New Brunswick 1972.
Ullrich, Volker, Die Revolution von 1918/19, München 2009.
Vagts, Alfred, M. M. Warburg & Co – Ein Bankhaus in der deutschen Weltpolitik 1905–1933, in: Vierteljahrschrift für Sozial- und Wirtschaftsgeschichte, Bd. 45 (1958), S. 289–388.
Verein für Hamburgische Geschichte (Hrsg.), Carl Melchior. Ein Buch des Gedenkens und der Freundschaft, Tübingen 1967.
Vollnhals, Clemens, Jüdische Selbsthilfe bis 1938, in: Wolfgang Benz (Hrsg.), Die Juden in Deutschland 1933–1945. Leben unter nationalsozialistischer Herrschaft, München 1988.

Wandel, Eckhard, Banken und Versicherungen im 19. und 20. Jahrhundert, München 1998.

Warburg, Eric M., Zeiten und Gezeiten. Erinnerungen von Eric M. Warburg, Hamburg 1982.

Warburg, Max M., Aus meinen Aufzeichnungen, Privatdruck (E. M. Warburg), New York ca. 1952.

Wehler, Hans-Ulrich, Deutsche Gesellschaftsgeschichte. 1914–1949, Bd. 4, 3. Aufl. 2008, München 2003.

Zielenziger, Kurt, Juden in der deutschen Wirtschaft, Berlin 1930.

Abbildungsnachweis

Cover/Abb. 1: Neue Zürcher Zeitung v. 22.06.2019 (Bild: AKG, um 1925)

Abb. 2: Deutsche Friedensdelegation, Bundesarchiv, Bild 146-1971-037-34 Foto: Scherl, August 19119

Abb. 3: Melchior in Versailles, Verein für Hamburgische Geschichte (Hrsg.), Carl Melchior. Ein Buch des Gedenkens und der Freundschaft, Tübingen 1967, S. 16

Abb. 4: Hauser, Dorothea / Christoph Kreutzmüller (Konzeption und Text), Carl Melchior. Jüdischer Vorkämpfer eines europäischen Friedens, Ausstellung im Jüdischen Museum Berlin, 17.1.–30.3.2019, Ausstellungskatalog, Hamburg 2019, S. 40

Abb. 5: Postkarte Karikatur (Privatbesitz)

Abb. 6: Plakat Volksbegehren, Deutsches Historisches Museum (DHM), 1988/998.43

Abb. 7: Dank der Reichsregierung, Hamburger Nachrichten v. 26.01.1930

Abb. 8: Marie de Molènes, Jüdisches Museum Berlin, 2004/245/6

Abb. 9: Hauser, Dorothea / Christoph Kreutzmüller (Konzeption und Text), Carl Melchior. Jüdischer Vorkämpfer eines europäischen Friedens, Ausstellung im Jüdischen Museum Berlin, 17.1.–30.3.2019, Ausstellungskatalog, Hamburg 2019, S. 48

Abb. 10: Wikimedia Commons

Abb. 11: Grabstein, Foto: Michael Studemund-Halévy

Über die Autorin

Ina Lorenz

Prof. Dr. phil. habil., Historikerin, bis 2005 stellvertretende Direktorin des Instituts für die Geschichte der deutschen Juden, Hamburg. Forschungen und Publikationen zur deutsch-jüdischen Geschichte des 19. und 20. Jahrhunderts im norddeutschen Raum. Ihre Schwerpunkte liegen in der Sozial- und Gemeindegeschichte der Hamburger Juden in der Weimarer Republik, im NS-Staat, in der Nachkriegszeit und frühen Bundesrepublik sowie in der Friedhofsgeschichte und in Biographien. In den „Jüdischen Miniaturen" sind von ihr erschienen: *David Sealtiel. „Ich will der Landsknecht des jüdischen Volkes sein"* (ISBN 978-3-95565-344-6), *Leo Lippmann. „Ich bin Sohn meiner innig geliebten deutschen Heimat"* (ISBN 978-3-95565-416-0), *Herbert Pardo. Hamburger Sefarde, Jurist, SPD-Parlamentarier, Zionist* (ISBN 978-3-95565-486-3), *Lucy Borchardt. Die einzige jüdische Reederin in der internationalen Schifffahrt* (ISBN 978-3-95565-528-0).